Albrecht G. Schmidt

Diesel lernt Klima -

Ein Versuch die Zeit zu lesen

Albrecht G. Schmidt ist Arzt mit langjährigen beruflichen Tätigkei-ten in den USA und der Schweiz.

Albrecht G. Schmidt

Diesel lernt Klima –

Ein Versuch die Zeit zu lesen

„I dreamed I saw Joe Hill last night, alive as you or me; says I, but Joe, you are ten years dead; I never died, says he." (Alfred Hayes, 1936; vertont von Earl Robinson)

„The commonwealth requires the education of the people as the safeguard of order and liberty." (Inschrift an der Boston Public Library, 1895)

Bibliografische Information der Deutschen Nationalbiblio-thek: Die Deutsche Nationalbibliothek verzeichnet diese Publikation in der Deutschen Nationalbibliografie; detaillierte bibliografische Daten sind im Internet über http://dnb.dnb.de abrufbar.

© 2019 Albrecht G. Schmidt

Herstellung und Verlag:
BoD – Books on Demand, Norderstedt

ISBN: 978-3-7347-4951-3

Inhalt

Einleitung: Diesel lernt Klima

Dies ist die Geschichte des alten, fast schon ein wenig altersweisen Diesels, der die letzten Jahre seines langen Diesellebens nach hunderttausenden, Meter für Meter quer durch Europa zurückgelegten Kilometern abgestellt und alleingelassen, aber noch immer nahezu rostfrei, in der Garage fristet. Sein weiteres Schicksal ist ungewiss. Er kann sich zwar kaum noch äußern, träumt aber von einer letzten Fahrt im Sommerwind durch die Stuttgarter Innenstadt, direkt vorbei an der Messstelle für Stickoxide.

Gerade wurde ihm die traurige Nachricht überbracht, dass dies leider nicht möglich sein wird. Nachdem er in seinem langen Autoleben schon sehr viele sehr verschiedene Menschen transportiert, viele Orte gesehen, vielen Gesprächen zugehört und sich ohnehin immer schon sehr für die so merkwürdige menschliche Gesellschaft interessiert hat (erkennbar an zahlreichen, längst verblassten Aufklebern), bat er bei seinem voraussichtlich letzten Öl- und Reifenwechsel darum, die nachfolgenden Seiten auch in seinem Namen zu übermitteln. Als direkt Betroffenen interessiert ihn vor allem das Klima-Thema. Er möchte endlich einmal selbst verstehen, wo genau sein Problem liegt. Dem Wunsch aus der Garage folgend, hat der Autor versprochen, ein wenig im Internet zu recherchieren, voller Dankbarkeit für die tolle Lebensleistung des alten Diesels:

Die Basis der repräsentativen Demokratien bröckelt in der zweiten Dekade des 21. Jahrhunderts. Die Beteiligungen an demokratischen Wahlen liegen in Deutschland von Wahl zu Wahl nur noch um die 60-70%. Die bis vor kurzem so genannten

Volksparteien vertreten inzwischen nicht mehr als veritable Minderheiten innerhalb der Gesamtbevölkerung.

Die von den demokratischen Parteien sträflich vernachlässigte Weiterentwicklung ihrer politischen Inhalte und Ziele in einer sich technologisch, wirtschaftlich und demographisch rasch wandelnden Welt hat zu einer schrittweisen, in ihrem Nettoeffekt jedoch tiefgreifenden Entpolitisierung und Entdemokratisierung der Gesellschaft geführt. Sie hat den politischen Diskurs immer weiter seiner Inhalte entleert und zunehmend zu einer politischen Unterhaltungskultur werden lassen. Ernstzunehmende inhaltliche politische Ziele und Ambitionen, jenseits der Rettung des Himmels über Berlin, scheinen eher in den Hintergrund zu treten. Insbesondere ein großes historisches Ziel gerät in der aktuellen Gemengelage immer weiter aus der Reichweite der Politik: Das Ziel eines in Freiheit und Vielfalt vereinten Europa.

Ja, Europa. Der Diesel in der Garage träumt still von seinen guten alten Zeiten, seinen langen Fahrten quer durch Europa, entlang der lichtdurchfluteten Mittelmeerküste und natürlich seinen drei so herrlichen Fahrten quer durch Paris …

Die Reaktionen der etablierten Parteien auf die zunehmende Entleerung des inhaltlichen politischen Diskurses sind für ihre verbliebenen Anhänger ernüchternd: Statt sich den neuartigen Herausforderungen wie auch den historischen Chancen einer umfassenden inhaltlichen Öffnung und Re-Demokratisierung der Gesellschaft auf der technologischen Höhe der Zeit zu stellen, scheinen sie allen Ernstes ein „immer weiter so" mit stetig wechselnden Nuancen und gelegentlich wechselndem Personal versuchen zu wollen.

Der alte Diesel bittet an dieser Stelle doch, sich nicht in politischen Allgemeinplätzen zu verlieren, sondern bitte die Aufmerksamkeit ein wenig mehr auf das ihn wirklich umtreibende, existentiell bedrohende und ihn möglicherweise dauerhaft stilllegende Klima-Thema zu richten.

Wichtige Themen wie das Klima- und Umwelt-Thema werden zudem derart emotional überhöht, dass sich verzweifelte Kinder in ihrer Sorge um das Weltklima veranlasst sehen, einmal in der Woche auf die Straße statt in die Schule zu gehen. Dabei fällt dem politisch Interessierten nicht nur die Emotionalisierung dieses Themas auf, sondern (auch hier) das weitgehende Fehlen eines substantiellen inhaltlichen Diskurses, etwa zu den konkreten geoklimatischen Zusammenhängen, den konkreten gesellschaftlichen und sozialen Folgen des Klimawandels, vielleicht auch den möglichen Alternativen politischen Handelns.

In einer lebendigen offenen Gesellschaft käme ein solcher inhaltlicher Diskurs vermutlich natürlicherweise in Gang, wann immer eine solche Gesellschaft mit derart umfassenden Herausforderungen wie denen einer möglichen Klimakatastrophe und eines nahezu kompletten Umbaus ihrer Energieversorgung konfrontiert wäre. Inzwischen bedienen sich Klimapolitiker jedoch, ohne wesentlichen kritischen öffentlichen Diskurs und ohne die daraus erwachsende breite demokratische Legitimation, direkt der Instrumentarien des Rechtsstaates und setzen beispielsweise per Gesetz Abgas-Richtwerte durch, deren erwartbare Nichteinhaltung an den Hotspots des täglichen Berufsverkehrs konsequenterweise einzelne Autofahrer, die vor Jahren unglücklicherweise das falsche Kraftfahrzeugmodell gewählt haben, mit erkennbar unverhältnismäßigen und möglicherweise weder aus Klima- noch aus Gesundheitsschutzgründen zu rechtfertigenden (aber eben doch rechtsstaatlich durchsetzbaren) Fahrverboten belegt.

Das geht ja gleich lustig los – nicht zu rechtfertigen, knurrt der alte Diesel gespannt.

Für die etwas Nachdenklicheren stellt sich damit nicht nur die Frage, ob der bereits bekannte altgediente Diesel, der schon die Feinstaub-Krise nur dank eines neu eingebauten Filters mit letzter Dieselkraft überlebt hat, jetzt endgültig in der Garage bleiben muss (wo er weiter schicksalsergeben, aber doch auch aufmerksam wartet, während dieser Essay geschrieben wird), ob er über die allzeit bereiten Zwischenhändler, die schon seit Längerem ihre kleinen bunten Grußkärtchen an seinen Fensterscheiben hinterlassen, vielleicht doch noch in ferne Länder vermittelt werden darf oder ob er politisch korrekt und vielleicht sogar „gegen-finanziert" durch die Autoindustrie dem Teil-Recycling und der Verschrottung zugeführt werden muss *(der alte Diesel bittet an dieser Stelle mit Nachdruck, die beiden letzten Zeilen sofort wieder zu streichen).*

Eine weitaus wichtigere Frage für den politisch Interessierten ist allerdings die, ob derart willkürliche staatliche Durchgriffe auf den einzelnen Bürger („es trifft ja Gott sei Dank erst einmal nur den Nachbarn") nicht doch auch zum Widerspruch auffordern. Und zwar nicht zum Widerspruch gegen Massnahmen zum Schutz des Weltklimas oder der Gesundheit, sondern zum Widerspruch gegen Massnahmen politischer Willkür angesichts offensichtlich bestehender, zumindest zum Diskurs zu stellender freiheits-wahrender Alternativen.

Ein lang-gezogener Hup-Ton der ungefragten Zustimmung ertönt aus der Garage.

Aus einem weiter östlich gelegenen Land wird berichtet, dass man dort eines schönen Morgens aufwachen könne und das Radioprogramm verkünde: „Ab heute ist Diktatur." Dies hat mit unserer stabil rechtsstaatlich verfassten repräsentativen Demokratie erfreulicherweise nichts zu tun. Dennoch heisst es jetzt auch hier für manchen: „Ab heute ist Fahrverbot." Nicht für jeden, nicht mit jedem Auto, nur an wenigen Orten – aber gerade hierdurch wird jenes Moment politischer Willkür deutlich, das mit einer freiheitlichen Gesellschaft eigentlich nichts zu tun hat.

Allerdings, signalisiert der Diesel.

Auch wenn man nicht gleich im politischen Un-Ernst des Kabarettisten eine Öko-Diktatur heraufziehen sehen muss, so bleibt einem bei Scherzen über eine derartige mögliche Entwicklung inzwischen doch das Lachen im Halse stecken. Im zivilisatorischen Spannungsfeld zwischen öko-politischer Korrektheit und stummer Ratlosigkeit scheint der Boden ein wenig steinig zu werden für den etwas tiefer gründenden politischen Humor. Der Applaus der Zuschauer jedenfalls klingt („man weiss ja nie") schon ein wenig vorsichtiger, das Lachen ein wenig leiser.

Für weiterhin unverzagte Zeitgenossen, Politiker wie Nicht-Politiker, denen trotz alledem (oder inzwischen auch gerade wegen alledem) an der Fortentwicklung der offenen und freiheitlichen repräsentativen Demokratie und an einem inhaltlich öffnenden politischen Diskurs liegt (und an der Verhinderung einer technologisch aufgerüsteten geschlossenen Gesellschaft), ist eben dieses erkennbare Fehlen eines inhaltlich ernstzunehmenden politischen Diskurses in der Gesellschaft beunruhigend. Irritiert beginnt sich der ein oder andere zu fragen, ob offen diskurs-verschließende politische Bankrotterklärungen der angeblichen Alternativlosigkeit einer gerade praktizierten Politik tatsächlich nur einfach mal so dahergesagt waren oder mehr sind als das, Zeichen an der Wand.

Es stellt sich zudem die Frage, ob es nicht doch auch gänzlich andere, alternative, die Bevölkerung politisch vermehrt engagierende und motivierende, politisch mehr mitnehmende Wege in eine offene und öffnende demokratische Zukunft geben könnte. Dieser Essay bejaht diese Frage ausdrücklich. Er versucht sogar an einem sehr konkreten Beispiel, nämlich dem der Klimathematik, aufzuzeigen, wie ein konkreter öffnender Diskurs der inhaltlichen Aufklärung einer für die Zukunft der Gesellschaft sehr wichtigen Thematik konkret aussehen und möglich werden könnte.

Hoffentlich garagen-öffnend, brummt der alte Diesel.

Auch wenn wir die Meinungen populistischer Gegner der offenen und freiheitlichen Gesellschaft absolut nicht teilen: Es scheint inzwischen doch an der Zeit, einer sich offensichtlich einschleichenden Verschliessung des politischen Denkens entgegenzuwirken und sich für eine stärkere Öffnung der Gesellschaft, für die bewusst gewagte breite inhaltliche Diskursivität und für eine grundlegende Re-Demokratisierung der Gesellschaft einzusetzen, auf der technologischen Höhe der Zeit.

Der alte Diesel bittet an dieser Stelle noch um den ihm wichtigen Hinweis, dass er trotz seines fortgeschrittenen Alters und seines betagten Motors durchaus auf der Höhe der Zeit ist. Also weiter.

Die Freiheit und ihre Gegner

Wir leben in einer Zeit der atemberaubend hohen Evidenz- und Kommunikationsdichte, wie sie historisch niemals auch nur zu erahnen war. Für die Freunde der Freiheit und für künftige Generationen ist diese Entwicklung in Richtung einer neuartigen, in früheren Zeiten niemals absehbaren Aufklärungs- und Informationsgesellschaft eine ausgesprochen gute Nachricht: Ja, es scheint tatsächlich möglich, dass wir die uns umgebende Welt verstehen, das noch Unverstandene immer weiter und immer tiefer auflösen und zu immer neuen Einsichten kommen. Ja, wenn wir denn keine Selbstzensur zulassen werden, scheinen der offenen Kommunikation und dem weltweiten freien Informationsaustausch in Zukunft nahezu keine Grenzen gesetzt.

Frei zugängliche Websites, elektronische Datenbanken, Netzwerke und Plattformen der verschiedensten Art bestimmen längst unseren beruflichen wie privaten Alltag und haben sie buchstäblich revolutioniert. Staunenden jungen „Digital Natives" müssen wir älteren digitalen Immigranten schon heute mühsam erklären, dass es auf diesem Planeten auch schon vor den Zeiten des Internets durchaus lebenswertes menschliches Leben gab, auch wenn wir uns gleichzeitig noch sehr wohl daran erinnern, wie mühsam und beschwerlich der Informationszugang etwa im Bereich der Medizin (um ein dem Autor vertrautes Beispiel zu wählen) war, als es noch keine frei zugänglichen Meta-Datenbanken wie PubMed gab, in denen inzwischen jeder jederzeit weltweit, tagesaktuell und sekundenschnell auf Millionen Literaturstellen zugreifen und sich tagtäglich auf den neuesten Wissensstand bringen kann.

In der Politik wurde diese Revolution einer zuvor unvorstellbaren informationellen Freizügigkeit allem Anschein nach nur mit Verzögerung wahrgenommen. Tatsächlich ist für traditionell auf Parteilichkeit ausgelegte politische Parteien diese technologiegetriebene Revolution der Kommunikation auch durchaus zweischneidig:

Zwar wird der Austausch mit den Repräsentierten, den Wählern, immer umfassender und immer direkter. Die traditionelle Parteilichkeit wird jedoch zugleich für die Beobachter auch immer besser auflösbar und für die Bevölkerung insgesamt immer besser hinterfragbar und feiner segmentierbar. Die neuartige Evidenzdichte droht manche fest etablierte, vielleicht sogar mehrheitlich gehaltene parteiliche Meinung regelrecht zu zerlegen.

Die traditionellen Parteien stehen damit an einer historischen Wegscheide:

Werden sie die zunehmende Kommunikations- und Evidenzdichte dazu nutzen, den inhaltlichen Diskurs immer weiter zu öffnen (und zwar nicht allein durch Verweise auf irgendwelche Websites, sondern durch vermehrt öffentlich vorgetragene politische Inhalte jenseits etablierter parteilicher Klischees und Stereotype) oder werden sie die gleichfalls wachsenden Möglichkeiten der Manipulation von Kommunikation vor allem zu ihrem jeweils eigenen Vorteil zu optimieren versuchen?

Im ersten Fall besteht die faszinierende Chance einer umfassenden Öffnung und schrittweisen Re-Demokratisierung unserer Gesellschaft, von Anbeginn eingebunden in den europäischen Verbund demokratisch verfasster Gesellschaften. Die Dualität von neuartiger Evidenz- und Kommunikationsdichte könnte es den offenen und freiheitlichen Gesellschaften Deutschlands und Europas ermöglichen, sich zu historisch neuartigen, breit diskursiven Gesellschaften der inneren Freiheit und der inneren Vielfalt weiterzuentwickeln.

Im besten Fall entstünden innovations-offene, gleichsam Schritt um Schritt (gegebenenfalls auch aus eigenen Fehlern) lernende, inhaltlich breit aufgestellte repräsentative Demokratien der stetigen politischen Aufklärung. Für politische Parteien, die sich den Chancen einer solchen grundlegenden inhaltlichen Öffnung und Weiterentwicklung der politischen Diskursivität stellten, ergäben sich somit gänzlich neuartige Chancen von in die gesellschaftliche Zukunft weisenden parteilichen Profilen, jenseits all der etablierten, eigentlich schon längst durchschauten und in Zukunft auch immer leichter durchschaubaren Stereotype und Klischees traditioneller Parteilichkeit.

Die Megathemen, die schon seit Jahren nach einer diskursiven Öffnung rufen, liegen offen auf dem Tisch: Es ist zunächst einmal die europäische Einheit selbst, die dringend eines demokratischen Upgrade bedarf. Es ist zum zweiten die überholte, in traditionellen Deutungsmustern und Klischees erstarrte politische Kommunikationskultur Deutschlands und Europas.

Die aktuelle politische Diskursstruktur wartet inzwischen geradezu darauf, vom Kopf parteien-begleitender medialer Politikunterhaltung, deren inhaltliche Begrenztheit sich inzwischen an konkreten Beispielen festmachen lässt, auf die Füße einer längst technologisch möglichen, offenen, die Grundsätze der Subsidiarität respektierenden, sich vermehrt durch ihre Inhalte (und weniger durch parteiisch verkürzte Interpretationen) begründenden Diskursinfrastruktur gestellt zu werden.

Als inhaltlicher Fokus der Re-Demokratisierung bietet sich die Klima- und Energiedebatte an, die angesichts eines inzwischen hinreichend dokumentierten weltweiten Anstieges der Temperaturen mit möglicherweise weitreichenden gesellschaftlichen, wirtschaftlichen und aussenpolitischen Folgen einfach zu wichtig ist, um sie länger allein in den Händen von politischen Insidern zu belassen. Wir sollten es zudem als einen lauten demokratischen Weckruf verstehen, wenn infolge der allgemeinen inhaltlichen Diskurs- und Orientierungslosigkeit inzwischen selbst Kinder in eine regelrechte Klima-Panik geraten und auf die Strasse gehen. Panik ist bekanntermaßen ein äußerst schlechter und zudem gesellschaftlich gefährlicher politischer Ratgeber – und spätestens an diesem Punkt sollte der ein oder andere Erwachsene auf den Gedanken kommen, vor jede Aufregung und Empörung, vor jede auch noch so intelligent und pfiffig gemachte Inszenierung von Klimapanik und Klimatod zunächst einmal Fakten und Evidenzen zu stellen und sich an ihnen zu orientieren versuchen. Denn wenn wir uns schon korrekterweise gegenseitig auf das Fehlen eines Planeten B aufmerksam machen, so sollten verantwortungsvolle Politiker nicht versäumt haben zuvor zu fragen (und dies der interessierten Öffentlichkeit auch mitzuteilen), ob es tatsächlich nur einen alternativlosen Plan A gibt oder ob es, wenn denn schon keinen Planeten B, so vielleicht doch zumindest erwägenswerte Pläne B, C oder D geben könnte.

Der öffentliche Diskurs zum Megathema der Klima- und Energiepolitik sollte zudem geführt werden, bevor (durchaus vorhersehbar) externe Mitspieler der Energieversorgung die strategische Option in den Händen halten werden, die demokratischen Gesellschaften Europas aufgrund ihrer Abhängigkeiten von Energielieferungen gegeneinander auszuspielen, sie politisch zu spalten und unter Umständen überraschend kaltwinters schachmatt zu setzen.

> **Die konkreten Inhalte eines möglichen künftigen öffnenden Klima-Diskurses finden interessierte Leserinnen und Leser auf den Seiten 49-76.**

Der alte Diesel empfiehlt an dieser Stelle, vollkommen ungefragt, die nächsten Seiten doch einfach zu überschlagen und angesichts der für ihn selbst existentiell so bedrohlichen Klima-Thematik bitte ab Seite 49 die vorhandenen Klima-Evidenzen nachzulesen.

(Der Autor wagt zu widersprechen und bittet weiterzulesen.)

Im zweiten Szenario der Weiterentwicklung unserer Gesellschaft, dem Szenario der optimierten Manipulation, stehen den traditionellen Demokratien möglicherweise schwere Zeiten bevor: Dies wäre die Entwicklungsrichtung von selbst-erklärten „post truth" oder „post democracy" Gesellschaften, deren Parteien durch Meinungsumfragen in ständiger Pulsfühlung mit einer selbst politisch weitgehend orientierungslos dahintreibenden Bevölkerung zunehmend auf Emotionen und Stimmungen setzen statt auf Evidenzen und politische Inhalte. Diese künftigen Parteien würden dann vermutlich allfälligen Meinungsströmungen opportunistisch folgen oder auch nicht, Informationen mit taktischem Kalkül nach Belieben zurückhalten oder doch verteilen und möglicherweise eines schönen Tages der verblüfften Bevölkerung die traurige Bankrotterklärung jedweden inhaltlichen politischen Diskurses übermitteln, nach der Fakten und Fakes (wir bedauern sehr Ihnen dies heute mitteilen zu müssen) nun tatsächlich nicht länger zu unterscheiden seien.

Politische Repräsentanten könnten sich in einem solchen Fall zunehmend als Teilnehmer einer politischen Unterhaltungskultur begreifen. Die begleitenden Medien wiederum könnten sich, in einem solch rein hypothetischen Szenario eines fundamentalen Fehlverständnisses der Verantwortlichkeiten, als die eigentlichen Hüter des demokratischen Diskurses verstehen, die letztlich darüber entscheiden könnten, ja müssten, welche politischen Themen jeweils „gesetzt" und kommuniziert würden, und zwar (in erweitertem Fehlverständnis der eigenen Rolle) in politisch korrekter, das parlamentarisch vertretene Meinungsspektrum sorgsam repräsentierender Weise.

Grandiose Wahlsiege würden in einer solchen Kultur der geschlossenen Politik-Unterhaltung vermutlich selbst dann noch

gefeiert, wenn die Wahlbeteiligungen längst unter 50% gefallen
wären. Ein solcher Zustand der medialen Demokratie-
Inszenierung wäre dann allerdings nur noch das Schattenbild
einer lebendigen repräsentativen Demokratie, eine wankende
Fassade, die voraussichtlich nicht allzu lange stünde. Die heute
politisch Verantwortlichen würden die Gefahr einer solchen
Fehlentwicklung, wenn sie denn jemals in der Zukunft drohen
sollte, hoffentlich frühzeitig erkennen und sie den nachwachsen-
den Generationen hoffentlich niemals zumuten wollen.

Sollte eine solche Entwicklung dennoch unerwarteterweise ihren
Lauf nehmen, wäre die Folge eine weiter zügig fortschreitende
inhaltliche Entleerung und Entkernung des politischen Diskurses.
Es ginge in der politischen Kommunikation dann nicht länger um
die Zukunft der Gesellschaft, um ihre Herausforderungen wie ihre
Chancen, sondern in erster Linie darum, die eigenen „Eliten" und
die eigenen „Narrative" einer „politisch korrekten" Politik optimal
und auf anstehende Wahltermine perfekt getaktet zu "setzen",
also eine Art parteiliches Branding und Positioning zu betreiben,
von Marketing-Agenturen angeleitet und weitgehend entleert
von diskursiv erarbeiteten politischen Inhalten und ernstzunehmenden politischen Perspektiven.

Vielleicht würden die Medien in einem solchen Schreckensszena-
rio des Zerfalls das demokratische Zepter endlich auch einmal
selbst übernehmen wollen und gänzlich neuartige politische
Show-, Quiz- und Unterhaltungsformate erfinden mit Titeln wie
etwa „Wer kann am besten Klima-Kanzler", „Deutschland sucht
den Meister-Minister" oder „Die 10 tollsten Polit-Clips". Wer
weiß, ob in einem solchen hypothetischen Szenario nicht vielleicht sogar, vollkommen überraschend und alle Klischees angeb-
licher Deutschland-Distanz mit einem einzigen Power-Tweet

widerlegend, der ein oder andere in den USA bereits erfolgreiche Kandidat seinen Hut in den bundesdeutschen Polit-Ring werfen würde: Germany next (first ist leider schon vergeben). Vielleicht müsste das Grundgesetz noch ein wenig nachgebessert werden, damit es auch derartige Entwicklungen schultern und stemmen könnte – aber in einer rein hypothetischen Kultur völliger politischer Orientierungslosigkeit wäre vielleicht auch dieser Schritt noch ein großer Spaß-Event, gefeiert durch ein mehrtägiges Grundgesetz Revival Festival in direkter Nähe des Reichstages. Ein solcher gesellschaftlicher Alptraum, der derzeit erfreulicherweise nicht droht, wäre dann das tatsächliche Ende ernstzunehmender inhaltlicher politischer Kontroversen, der Notwendigkeit der Offenlegung politischer Alternativen und einer darauf basierenden demokratischen Kontrolle repräsentativer Politik durch die Wähler.

In einem solchen hoffentlich niemals eintretenden Fall könnte eine freiheits-beschränkende Politik schlussendlich auch damit begründet werden, dass es um die Verwirklichung absolut unabweisbarer politischer Zielsetzungen geht (etwa die Rettung der Welt oder die Garantie von Gesundheit, Heilung und langem Leben), zu der Widerspruch schlichtweg nicht länger möglich sei. Dies wäre dann die klassische geschlossene Gesellschaft, in der die Wähler vielleicht noch hin und wieder zur Wahl gehen dürften, tatsächlich aber keine Wahl mehr hätten.

Ein andersartiges düsteres Szenario wären demokratie-zerstörende Auftritte neuartiger Wiedergänger der „starken Hand", die vorgäben, eine ganz offensichtlich in babylonischer Sprachverwirrung aneinander vorbeiredende, ziel- und führungs-los dahintreibende Gesellschaft durch ihr rettendes Eingreifen vor der Selbstzerstörung bewahren zu müssen.

Derartige Schreckensszenarien wären allerdings nur dann zu befürchten, wenn die Zivilgesellschaft einschließlich der sie repräsentierenden Parteien ihrer Entstehung duldsam schweigend zusähen und wie der langsam erwärmte Frosch den Zeitpunkt zum rettenden Sprung aus dem Kochtopf einer sich politisch langsam verschließenden Gesellschaft verpassten. Da wir (zurück in der Realität) von diesem Zeitpunkt der Notwendigkeit zum metaphorischen „Sprung" derzeit noch ein gutes Stück entfernt sind, versucht dieser Essay sich dafür einzusetzen, der weiteren Erhitzung des noch ungedeckelten und bisher auch nur leicht erwärmten Kochtopfes entgegenzuwirken – durch Anregung einer grundlegenden Re-Demokratisierung der Gesellschaft und der schrittweisen Weiterentwicklung unserer heutigen Aufregungskultur in eine künftige, den Möglichkeiten des Informationszeitalters gerecht werdende und zugleich zukunftsöffnende Aufklärungsdemokratie.

Zu lange Sätze, viel zu lange Sätze, stöhnt der alte Diesel. Dies alles hilft mir keinen Zentimeter heraus aus der Garage. Wo bitte bleibt das Klima-Thema ?

Der konkrete Vorschlag dieses Essays ist, das für unsere Zukunft so wichtige Klima- und Energie-Thema als erstes konkretes Beispiel einer sich tatsächlich neu begründenden, dezidiert aufklärerischen politischen Diskurskultur zu wählen, die die politischen Evidenzen, Inhalte und Zusammenhänge gegenüber der Bevölkerung tatsächlich offenlegt und sich nicht länger auf leicht inszenierbare Stimmungen und Emotionen beruft, sondern fragt: Was ist die Evidenz, was sind die Fakten – show me the evidence!

Ab Seite 49, brummt der Diesel, ab Seite 49.

Die repräsentative Demokratie wird an der aktuellen historischen Weggabelung einer neuartigen Informations- und Aufklärungsgesellschaft allerdings nur dann die Richtung der Offenheit, der Diskursivität und der Freiheitlichkeit einschlagen können, wenn sie diese historisch neuartige Weggabelung zunächst einmal als solche erkennt und sich bewusst entscheidet, von dieser Wegmarke aus den Weg in eine politische Zukunft der diskursiven Öffnung zu wagen.

Wenn dies gelänge, könnte der europäische Kontinent eine Leuchtturm-Funktion für faszinierend neue Möglichkeiten der nachhaltigen Weiterentwicklung der traditionellen repräsentativen Demokratie mit gänzlich neuartigen Checks and Balances zur Vertiefung und zum Schutz der repräsentativen Demokratie einnehmen, wie dies etwa heute bereits teilweise in der Schweiz verwirklicht ist. Auch von den Erfahrungen anderer demokratisch verfasster Länder wäre gewiss einiges zu lernen, von ihren Erfolgen ebenso wie ihren möglichen Fehlentwicklungen und Misserfolgen.

Sollte eine solche öffnende demokratische Weiterentwicklung (die Gefahren von Populismus und Plutokratie stets fest im Blick) nicht gelingen, würde es dem ein oder anderen Meister der Manipulation angesichts der neuen technologischen Möglichkeiten über kurz oder lang ganz gewiss gelingen, jene innergesellschaftlichen Angriffspunkte zu finden, die unsere Gesellschaften manipulativ entweder zum kollektiven Lemmingslauf in die autoritäre Unfreiheit einer neuen geschlossenen Heilskultur motivieren oder die Gesellschaft durch das getaktete Zünden von Blendgranaten der gesellschaftlichen Polarisierung so tief spalten, dass Schluss sein wird mit der offenen und freiheitlichen Demokratie („ab heute ist …"). Wohin auch immer derartige manipulative Angriffe Deutschland und Europa führten, es wäre gewiss nicht die Freiheit in politischer Vielfalt.

Zwei im Nachgang zur Wiedervereinigung derzeit in Deutschland zunehmend klarer erkennbare politische Entwicklungen der letzten beiden Jahrzehnte gilt es in besondere Weise im Auge zu haben, da sie der hier skizzierten Öffnung des politischen Diskurses zumindest vorübergehend diametral entgegenstehen, jedoch bei politischer Weitsicht keinesfalls dauerhaft entgegenstehen müssen:

Zum einen der fatale Versuch der größten Volkspartei des Landes, sich durch systematische Übernahme der Positionen vormals gegnerischer Parteien zu einer Art demokratischer Einheitspartei weiterzuentwickeln. Der mit diesem Versuch verbundene schrittweise Entzug politischer Inhalte aus dem öffentlichen Diskurs (teilweise durch nahezu begründungslos erfolgte Positionswechsel) droht die demokratische Gesellschaft zu entkernen, indem sie ihr willkürlich das Lebenselixier der inhaltlichen politischen Kontoverse und der politischen Alternativen entzieht. Sie droht die gewollte Breite, Vielfalt und auch Ernsthaftigkeit des politischen Diskurses geradezu zu amputieren.

Zugleich richtet sie den politischen Blick „zur Seite" und nicht „nach vorn" auf die aktive Gestaltung der gesellschaftlichen Zukunft und die Weiterentwicklung der offenen Gesellschaft. Es ist ein Manöver, das die (auf die gesamtgesellschaftlichen Interessen bezogen) eher kurzsichtigen Macht- und Einflussinteressen einzelner Politiker nutzt und gleichzeitig die lebendige inhaltliche Kontroverse wirksam ausbremst. Durch den Wegfall eines breiten kritischen öffentlichen Diskurses werden bestehende Strukturen zwar stabilisiert, aber das Konzept der diskursiven Gesellschaft wird unter Umständen geradezu ad absurdum geführt. Der offene kontroverse politische Diskurs als ein konstitutives Element der pluralistischen Gesellschaft kann so unter Umständen bis zu seiner vermeintlichen Bedeutungslosigkeit entkernt werden. Damit öffnen sich, erst auf den zweiten Blick erkennbar, gänzlich neue Einfallstore für künftige Demagogen jedweder Couleur, für deren Durchmarsch die innergesellschaftlichen Checks und Balances einer lebendigen inhaltlichen politischen Diskursivität der Gesellschaft ansonsten eine ernsthafte Barriere sein könnten.

Eine zweite besorgniserregende Entwicklung ist das stetige Erwachsen kleiner machtbewusster, demokratisch nicht legitimierter Gruppierungen, die sich gesellschaftlich relevante Themen aneignen und die zunehmende inhaltliche Orientierungs- und Sprachlosigkeit dazu nutzen, ihre jeweils eigenen Agenden und Interessen durchzusetzen. Während politische Lobby-Arbeit hinter verschlossenen Türen ein Übel aller Zeiten war und leider auch nie ganz beseitigt werden wird (es ist einfach zu verlockend in der Abwesenheit wirksamer Checks and Balances hinter verschlossenen Türen die eigenen Interessen zu verfolgen), werden in jüngerer Zeit passende, vermeintlich mehrheitlich geteilte Stereotype und Klischees unwidersprochen öffentlich instrumentalisiert, was deren argumentative Auflösung ebenso erschwert wie die Ausleuchtung der Interessen, die im Einzelfall durchgesetzt werden sollen. Auf diese Weise können in einzelnen gesellschaftlichen Bereichen, die durch großzügige positive Stereotype und Klischees abgedeckt sind, ungewollt blinde Flecke der Aufklärung entstehen. Das Schutzbemühen für manche der so geschützten Stereotype geht inzwischen so weit, dass mitunter versucht wird, selbst den Humor darüber als politisch inkorrekt anzugreifen, was dann doch ein wenig an biedermeierliche oder pietistische, in jedem Fall an längst vergangen geglaubte Zeiten zu erinnern beginnt.

Die gewollte Vielfalt

Die gewollte Vielfalt der freiheitlichen Gesellschaft spiegelt sich in vielleicht knappster Form in einem Zitat des niederdeutschen Dichters Fritz Reuter (1810-1874) wider: „Wat dem eenen sin Uhl (Eule) is dem annern sin Nachtigall."

Wenn nun, in nicht ganz ernst gemeinter Fortführung dieser Parabel aus dem 19. Jahrhundert, die Eulisten plötzlich meinen sollten, dass sie eigentlich in Eulistan leben möchten und die Nachtigallisten sich gefälligst ab sofort nach ihrer Eulen-Kultur zu richten hätten („Nachtigallen raus !"), könnte es möglicherweise schlecht stehen um den freien Gesang der letzteren.

Die Menschen in Deutschland haben, zurück aus der freundlichen Parabel in die raue Wirklichkeit, derartige Zwangsvereinnahmungen des politischen Denkens in den letzten rund hundert Jahren wiederholt erleben müssen. Sie haben also besonderen Anlass zur Wachsamkeit und zur besonderen Hellsicht in der Wahrnehmung von Gefährdungen ihrer Freiheit.

Tatsächlich wirken die Katastrophen der jüngeren deutschen Geschichte nach. Tatsächlich scheinen wir nach menschlichem Ermessen auf absehbare Zeit vor einer Wiederholung der gleichen Art politischer Vereinnahmungen in Deutschland gefeit.

Aber leider schützt diese Erinnerung nur vor den konkret erfahrenen Gefahren. Einen Schutz vor neuartigen Gefahren der Vereinnahmung und der erneuten Einschränkung unserer politischen Freiheit aus einer vielleicht völlig überraschenden Richtung in einer zunehmend unübersichtlichen und sich zudem rasch verändernden Welt bieten sie nicht.

Um diesen Schutz einer Gesellschaft zu erreichen, reicht leider auch das institutionalisierte und engmaschig wiederholte Gedenken an politische Verbrechen der Vergangenheit und das Eingeständnis damit verbundener historischer Schuld allein nicht aus. Es bedarf vielmehr eines aktiven politischen Bewusstseins der politischen Freiheit und ihrer stetigen Gefährdung innerhalb der Bevölkerung. In Zeiten eines rasanten technologischen, wirtschaftlichen und gesellschaftlichen Wandels bedarf die politische Freiheit darüber hinaus ihrer ständigen Verteidigung gegen diejenigen, die sie im eigenen Macht- oder Wirtschaftsinteresse auf immer neue und immer andere Weise in Frage stellen.

Die harten historischen Lektionen von politischer Unterdrückung und politischer Unfreiheit haben in den freiheitlich-demokratischen Gesellschaften zu Verfassungen mit zeitlicher Begrenzung und Teilung politischer Macht geführt. Letzteres wird im deutschen und europäischen Sprachgebrauch zumeist als „Gewaltenteilung", im US-amerikanischen Sprachgebrauch hingegen als „Checks and Balances" bezeichnet. Die Unterschiedlichkeit dieser beiden Begrifflichkeiten ist nicht nur semantisch. Sie ist von grundlegender Bedeutung. Es lohnt sich daher einen Blick auf diese Unterschiedlichkeit zu werfen:

Die Einrichtung von „Checks and Balances" stellt die Gewaltenteilung nicht nur her. Sie erhebt vielmehr den Anspruch darauf sicherzustellen, dass diese Gewaltenteilung in einer verfassten Gesellschaft der politischen Vielfalt dauerhaft geschützt bleibt und nicht durch künftige politische Spieler nach Belieben wieder aufgehoben werden kann. Das zunächst rein sprachliche Konstrukt von „Checks and Balances" hat somit von vornherein (aus der bitteren Erfahrung einer ehemaligen Kolonie) die ständige Gefährdung der durch Gewaltenteilung, Rechtsstaatlichkeit und demokratische Kontrolle erst möglichen politischen Freiheit und Vielfalt fest im Blick und stellt ihren Schutz (nicht ihre Herstellung) in den Mittelpunkt.

Wer sich als Europäer jemals ein wenig näher mit dem politischen System der USA auseinandergesetzt hat, wird diesen recht fundamentalen Unterschied im demokratischen Selbstverständnis und politischen Selbstbewusstsein rasch erkennen wie auch den möglichen Mehrwert, den das andersartige US-amerikanische Verständnis für die innere Freiheit und die Entwicklungsoffenheit einer Gesellschaft bedeuten kann.

Es ist das Vertrauen in die die Freiheit und Vielfalt schützende (nicht allein herstellende) Konstitution und ein tief verwurzeltes, geradezu unverbrüchliches Freiheitsbewusstsein, die die Bevölkerung der Vereinigten Staaten selbst in Zeiten, in denen die Gewaltenteilung ganz offensichtlich herausgefordert wird, mit relativer Gelassenheit und Zuversicht in die politische Zukunft blicken lassen. Allerdings ist jede Herausforderung eine neue, und die Mehrzahl der freiheitlich denkenden Amerikaner und ihre Freunde im Ausland beobachten derzeit mit angehaltenem Atem, ob die Checks and Balances der weitsichtigen US amerikanischen Konstitution aus dem 18. Jahrhundert auch den neuartigen Herausforderungen eines 21. Jahrhunderts standhalten werden (- wie hätten die Gründermütter und Gründerväter auch ausgerechnet an Twitter & Co denken können).

Dabei besteht Anlass zu Optimismus: Die Chancen für eine Zukunft der Freiheit und Offenheit stehen in den Vereinigten Staaten von Amerika ausgezeichnet. Das freiheitliche politische Denken (darüber sollte uns kein noch so aufdringlicher, in seinem Kern apolitischer Populismus hinwegtäuschen) ist tief im Bewusstsein der US amerikanischen Bevölkerung verankert und hat über die Jahrhunderte schon einigen schweren Angriffen standgehalten, auch manche Fehlentwicklungen wieder ausbalanciert und korrigiert. Ein tief gegründete Freiheitsbewusstsein, und eben nicht ein hemmungsloser Materialismus (wie von materialistisch denkenden Ideologen aus reinem eigenem Machtkalkül gebetsmühlenhaft suggeriert), ist der eigentliche Markenkern der US amerikanischen Demokratie und das Grundrezept ihres Erfolges. Die freiheitssichernde US Verfassung stellt etwa, um nur ein kleines aber doch relevantes Beispiel zu wählen, mit Weitsicht sicher, dass ein mit exekutiven Vollmachten ausgestatteter amerikanischer Präsident niemals länger als zwei Amtszeiten im Amt bleiben darf, geschweige denn 18 lange Jahre.

Wir Menschen in Deutschland haben die politische Leistung erst noch zu erbringen, unsere (dies gilt für Deutschland in besonderem Maße) „geschenkte" Freiheit in eine „errungene" und täglich gelebte politische Freiheit weiterzuentwickeln.

Für eine Sekunde der Weltgeschichte konnten politisch Interessierte hoffen, dass die deutsche Wiedervereinigung den historischen Schritt des „Erringens" umfassender politischer Freiheit in Deutschland darstellte. Es hat sich jedoch gezeigt, dass die politischen Landschaften im westlichen Teil Deutschlands wie auch im westlichen Europa (trotz der bemerkenswerten Weitsicht einzelner Politiker) hierzu einfach nicht die notwendigen Voraussetzungen boten und der politische Schaden durch zwei nahtlos aufeinanderfolgende Diktaturen in den östlichen Bundesländern einfach zu tiefgreifend war, um diese „goldene Speiche" der europäischen Freiheitsgeschichte tatsächlich ergreifen zu können.

Goldene Speichen – das wär's, träumt der Diesel ein wenig geistesabwesend - wann kommt er endlich zum Klima-Thema ?

Der hierzu notwendige fundamentale Perspektivenwechsel, nach dem in der repräsentativen Demokratie die Bürger die politische Macht kontrollieren und nicht die machthabenden Politiker die Bürger, überforderte den Zeitgeist ebenso wie den in jener Zeit wohl notwendigen politischen Pragmatismus und kann als tragisch misslungen gelten.

Ein Signal zur Weiterentwicklung der offenen und freiheitlichen Gesellschaft ging von der deutschen Wiedervereinigung jedenfalls nicht aus. Hierzu hätte es einfach zu vieler Voraussetzungen bedurft, die damals nicht gegeben waren und deren Schaffung auch nicht ausschließlich, wenn auch zu einem erheblichen Teil, in den Händen verantwortlicher Politiker und der sie begleitenden Medien lag und liegt.

Rund 30 Jahre nach der deutschen Wiedervereinigung scheint unsere Gesellschaft nicht vorrangig an der Entwicklung eines Klimas individueller Freiheit und politischer Vielfalt, an einem Klima des offenen und kontroversen politischen Diskurses und an den daraus erwachsenden Möglichkeiten einer vermehrten politischen Teilhabe der Bevölkerung und jedes Einzelnen zu arbeiten. Die politischen Bemühungen scheinen vielmehr darauf gerichtet zu sein, einen immer weiter perfektionierten Sozialstaat zu schaffen, langfristig möglicherweise eingebettet in ein mitteleuropäisches Naturreservat mit striktem Fahrverbot für Dieselfahrzeuge.

Plötzliches Erwachen in der Garage: Ein langgezogen erschrockener Hup-Ton des (völlig unbegründeten) Entsetzens.

Es stellt zudem einen klaren Rückschritt in der freiheitlichen Entwicklung der Bundesrepublik Deutschland dar, wenn demokratisch auf Zeit gewählte politische Repräsentanten Jahrzehnte nach der deutschen Wiedervereinigung es im Stile früherer Autokraten für angemessen halten, sich als „politische Klasse" oder in unglückseliger semantischer Volte als „politische Elite" bezeichnen zu lassen und durch diese Neueinführung von Terminologien aus längst überwunden geglaubten Zeiten gesellschaftlicher Statik dem demokratischen Grundkonzept der politischen Repräsentation auf Zeit einen riesengroßen (einen wirklich riesenhaft riesengroßen!) Bärendienst erweisen. Es stellt ebenso einen Rückschritt dar, wenn nach Jahrzehnten weitgehender politischer Freiheit (einige heftige Turbulenzen eingeschlossen) im westlichen Teil Deutschlands plötzlich Begriffe wie „politische Korrektheit" oder „politisches Narrativ" (von dem für die freiheitliche Demokratie hochgefährlichen politischen „Framing" gegnerischer Positionen ganz zu schweigen) ernsthaft und mit neuem Nachdruck in den öffentlichen Diskurs eingeführt werden und versucht wird, politische Positionierungen (natürlich nur in der scheinbar allerbesten Absicht, die Bevölkerung vor gefährlich abwegigem Denken zu schützen) ein ganz klein wenig vorzusortieren und politisch korrektes von politisch nicht ganz so korrektem Denken abzugrenzen.

Dabei ist der in jüngster Zeit gelegentlich zu beobachtende argumentative Rückzug auf „allgemein anerkannte" Meinungen, in Abgrenzung zu vermeintlich „nicht allgemein anerkannten" Meinungen, besonders irritierend. In einer freien Gesellschaft gibt es die verschiedensten und absurdesten Meinungen und Überzeugungen, aber eben ganz bewusst und aus guten Gründen keine Zentralautoritäten zur Anerkennung oder Aberkennung richtiger oder falscher Meinungen. Dies mag in Deutschland vorübergehend anders gewesen sein und ist in autokratisch regierten Ländern bis heute anders – die Aberkennung der Legitimität von Meinungen geht jedoch ganz und gar nicht in einer offenen, freiheitlichen und pluralistischen Gesellschaft.

Es gibt in einer freiheitlichen Gesellschaft auch keine Norm politischer Korrektheit, die eine Gesellschaft etwa zum kollektiven „Kampf gegen links" oder umgekehrt zum „Kampf gegen rechts" verpflichten könnte. Ein solcher Versuch würde Grundkonzepte der repräsentativen Demokratie unterminieren. Zugleich blieben der aufmerksamen Bevölkerung derartige Versuche der bevormundenden „Ausrichtung" natürlich nicht verborgen. Und so schützend diese korrigierenden Eingriffe auch gemeint sein mögen, um die Bevölkerung vor ihrem als falsch und gefährlich empfundenem politischen Denken zu bewahren, so sehr begehen die Eingreifenden in genau diesem Moment der politischen Vorsortierung den alten Kardinalfehler der politischen Bevormundung, jenen Fehler also, der schon wiederholt am Beginn deutscher Abwege aus der demokratischen Freiheitsgeschichte stand.

Ein derart korrigierendes Eingreifen motiviert eben gerade nicht zum politischen Diskurs, es blockiert ihn, es spaltet. Derartige Korrekturen de-motivieren (de-mobilisieren asymmetrisch) die „falsch" Denkenden. Es sollte also niemanden verwundern, wenn sich Wähler, die sich nicht länger repräsentiert fühlen, politikverdrossen abwenden. Die repräsentative Demokratie wird durch diese Entwicklung allerdings immer anfälliger für das Spiel von Demagogen und letztlich sogar für die Duldung legitimationslos durchgesetzter Interessen – eine mögliche Abwärtsspirale, die die an der Weiterentwicklung der offenen und freiheitlichen Gesellschaft Interessierten, Politiker wie Nicht-Politiker, zutiefst beunruhigen sollte. Es ist durchaus irritierend zu sehen, wie wenig Beachtung eben dieser für die Zukunft der pluralistischen Gesellschaft so gefährliche Teufelskreis im etablierten Politikbetrieb zu finden scheint.

Es lohnt sich daher zu fragen, wie es in einer offenen und freien Gesellschaft überhaupt zu einer solchen Bereitschaft der Selbstamputation der eigentlich so lebenswichtigen diskursiven Vielfalt kommen kann. Einer von mehreren Gründen (eigentlich mehr ein Hintergrund) könnte in der Vergangenheit Deutschlands liegen, die ein Denken in kollektiven Strukturen einfach nahelegt und in der die, wenn auch fatale, Verwechslung von Einigkeit und Einheitlichkeit zumindest vorstellbar ist. In einem Land hingegen, das schon zu Zeiten seiner Gründung ein Schmelztiegel der Nationen war wie den USA, fällt ein solches Denken von vornherein schwer, wenn es nicht sogar völlig abwegig erscheint. Diese unterschiedlichen historischen Wurzeln können wir erkennen. Ändern können wir sie nicht.

Diskursiv aufklären und im historischen Kontext vermutlich sogar auflösen lässt sich hingegen ein zweiter möglicher, spezifisch deutscher Hintergrund dieser auffälligen Neigung zu korrigierenden Eingriffen in das Meinungsspektrum der Gesellschaft: Die fortbestehende Verfangenheit des politischen Denken (und zum Teil Erlebens) im 20. Jahrhundert, dem Jahrhundert der politischen Unfreiheit und der Polarisierung. Diese Unfreiheit des 20. Jahrhunderts könnte bis heute die profunde Fehleinschätzung nähren, dass es für politische Verantwortliche in Deutschland vor allem darum gehen müsse, die Demokratie zu schützen und zu wahren statt sie zu leben und weiterzuentwickeln.

Durch die Tragik der deutschen Geschichte des 20. Jahrhunderts könnte sich so ein tiefliegender, möglicherweise überhaupt nur im Blick von außen wahrzunehmender Webfehler in das allgemeine politische Denken eingeschlichen haben, der manchem politischen Repräsentanten und auch den begleitenden Medien das Selbstverständnis vermittelt, sie müssten durch „politisch korrekte" Kommunikation die Bevölkerung vor den Abwegen ihres ja bekanntermaßen abweg-gefährdeten politischen Denkens schützen.

Nichts könnte dem Geist der freiheitlichen Gesellschaft stärker widersprechen, kaum etwas für ihre offene und freiheitliche Zukunft gefährlicher sein.

Dieser Essay versucht daher einen von künftig hoffentlich zahlreichen kritischen Beiträgen zu leisten, die ein solches zumindest denkbares und sich unseligerweise auch noch elitär gebärdendes verkapptes Obrigkeitsdenken (in dem sich ehemals Unterdrückte nach demokratisch legitimierter Machterlangung in erster Linie als die neue machthabende Elite, und erst danach als auf Zeit gewählte politische Repräsentanten einer gewollt breit und vielfältig aufgestellten, politisch selbst verantwortlichen und daher unter Umständen auch einmal mehrheitlich andersmeinenden pluralistischen Gesellschaft verstehen) aufzulösen und eine neuartige, vermehrt evidenz-basierte Öffnung des politischen Diskurses motivieren werden, um künftige vereinnahmende politische „Bewegungen", deren Lemmingsläufe dieses Land schon wiederholt an und in Abgründe geführt haben, möglichst unwahrscheinlich werden zu lassen.

Einen wesentlichen Beitrag zur zunehmenden inhaltlichen Entleerung und zum Orientierungsverlust der für eine gelebte Demokratie unabdingbaren inhaltlichen Debatten leisten leider auch öffentliche Fernsehanstalten, die einen ehedem durchaus kontroversen politischen Diskurs „über die Politik" zunehmend auf die Unterhaltungs- und Event-Ebene von Talk- und Polit-Shows „aus der Politik" umformatiert haben. Dies geschieht unter wahrnehmbarer Zurückstellung tatsächlich klischee-angreifender und –auflösender unabhängiger Analysen (zeitgeistliche Klischees bestätigende Analysen und Belehrungen gibt es weiter zuhauf), die ihren besonderen Wert eben gerade durch ihre vollständige

Unabhängigkeit von bereits etablierten Positionen und allgemein gehaltenen Klischees und Stereotypen gewinnen.

Es gibt eben politische Ereignisse, Entwicklungen und Zusammenhänge, deren Aufklärung und Einordnung sich dem rundtischlichen Setting und der Gruppendynamik einer Talkshow (oder vergleichbaren Talk-Formaten) beim besten Willen nicht erschließen. Dies allein schon deshalb, weil das interessendominierte Setting von Talkshows spätestens dann an die Grenzen seines Aufklärungswillens stößt, wenn es um den gemeinsamen und wechselseitigen Interessens- und Bestandsschutz geht. In der wohltemperierten Politik-Inszenierung einer Talkshow bleiben Gesellschaft und politische Repräsentanten vor einem allzu tiefgehenden kritischen Diskurs politischer Inhalte geschützt – und leider eben auch vor jenen inhaltlich öffnenden Analysen und Kontroversen, die die Herausforderungen einer Zeit überhaupt erst offenlegen und die daher das Lebenselixier der diskursiven, sich aus der inhaltlichen Kontroverse stetig neu findenden und weiterentwickelnden offenen Gesellschaft sind.

In einer geradezu auf Perfektionierung gesellschafts-schützender politischer Korrektheit fixierten Gesellschaft überrascht es dann leider auch nicht mehr, wenn einzelne mehr oder minder exponierte Personen aus zum Teil geringfügigen Anlässen eines als politisch nicht korrekt empfundenen Fehlverhaltens medialen Sperrfeuern ausgesetzt werden, deren wichtigstes Ziel darin zu bestehen scheint, die größtmögliche kollektive Empörung über eben dieses Fehlverhalten, und eben nicht die bestmögliche sachliche Aufklärung der vielleicht doch ganz gern auch einmal verstandenen inhaltlichen Position der Betroffenen zu erreichen. In diesen seit einigen Jahren leider vermehrt zu beobachtenden medialen Aburteilungen hat sich in manchen Medien das

Einbringen des irreführenderweise Juristiziabiltät suggerierenden Begriffes „Causa" (verbunden mit dem Namen des Betroffenen) als eine Art Fanfare zum letzten Vorhang etabliert, mit dem Verstoß des Betroffenen vom Hofe der Macht als dramaturgischem Höhe- und Schlusspunkt.

Das für eine offene Gesellschaft ernstzunehmende Problem derartiger Manöver, das die beteiligten demokratischen Medien eigentlich im Eigeninteresse erkennen sollten, ist, dass Versuche einer auf den Einzelnen gerichteten Stigmatisierung von den Beobachtern vor allem als eines wahrgenommen werden, als Versuche der Einschüchterung von „Abweichung".

In den Worten Mao Tse-tungs, eines einstigen Großmeisters politischer Manipulation, dessen Herrschaftssystem bis zum heutigen Tage gleichsam als Gegenentwurf zu unserer offenen und freiheitlichen Gesellschaft lebt (zum Leidwesen von Millionen betroffener Menschen) und sich sogar auf der historischen Gewinnerspur wähnt: „Bestrafe einen und erziehe Millionen." Dies ist macht-taktisch vermutlich sogar korrekt, ruiniert aber entscheidende politische Errungenschaften der offenen und freiheitlichen Gesellschaften und ist geeignet, die zum Schutz eben dieser Freiheit errichteten Checks and Balances niederzureißen.

Es ist vermutlich das Fehlen eines politisch wirksamen, tief in der Bevölkerung verankerten (weil tagtäglich gelebten und erlebten) politischen Freiheits- und Unabhängigkeitsbewusstseins, eines profunden politischen Selbstvertrauens in die Freiheit des eigenen politischen Denkens, das diesen offen und verdeckt freiheits-bedrohenden Entwicklungen mehr Raum gibt als ihn sich eine offene und freiheitliche Gesellschaft auf Dauer ohne Schaden leisten kann, insbesondere in Zeiten eines umfassenden wirtschaftlichen, technologischen und demographischen Wandels.

Der blockierte Diskurs

Grundgesetzliche Aufgabe der Parteien ist es, bei der politischen Willensbildung der Bevölkerung mitzuwirken. Es gehört hingegen nicht zu den Aufgaben der Parteien, sich dieses politischen Willens zu bemächtigen und den politischen Willen der Bevölkerung auf diese Weise zu vereinnahmen.

Ohne ein solches politisches Grundverständnis ist die Demokratie in stetiger Gefahr, von selbst-überzeugten Anführern übernommen und in die Richtung irgendeiner selbst-dienlichen „Politik-Kultur" gelenkt zu werden. Auch das Wahlrecht allein bietet gegen diese Gefahr keinen wirklichen Schutz, wenn es nicht von einem profunden freiheitlichen Bewusstsein in der Bevölkerung unterlegt ist, das sich gegen derartige Vereinnahmungen wehrt.

Menschen in Deutschland haben wiederholt erfahren müssen, wie wenig Schutz eine Verfassung bietet, für die die Menschen nicht aufstehen wollen oder nicht aufstehen können: Die barbarische nationalsozialistische Diktatur hat sich diesem Land durchsetzen können, ohne jemals in demokratischen Wahlen eine eigene Mehrheit gewonnen zu haben. Sie besaß sogar die Chuzpe, die Weimarer Verfassung, wenn auch nur der Form nach, bis zu ihrem eigenen Untergang in Kraft zu belassen. Der real existierende Sozialismus war gleichfalls bemüht, seine ideologische Vereinnahmung und Diktatur demokratisch zu bemänteln, unter anderem durch die Zulassung jener „Blockflöten-Parteien", die sich nach der Wiedervereinigung mit ihren namensgleichen westlichen Schwesterparteien vereinigen durften.

Es sind also nicht die demokratischen Buchstaben demokratischer Parteien, die unsere freiheitliche Demokratie dauerhaft schützen, es sind die in ihr lebenden Menschen. Es sind auch nicht allein die bekennenden Gegner der Freiheit, die unsere offene und freiheitliche Gesellschaft bedrohen, es sind vor allem deren zynische Verächter, denen viel an der Erringung und Sicherung eigener Macht, jedoch erheblich weniger am offenen politischen Diskurs zur Ermächtigung der Bürger zu eigener politischer Verantwortlichkeit liegt. Wir sollten niemals übersehen, dass die Diktaturen in Deutschland bei aller Verschiedenheit eines gemeinsam hatten: Eine tiefe zynische Verachtung der individuellen politischen Freiheit und Unabhängigkeit.

All den verschiedenen freiheitsfeindlichen Versuchen (nicht alle waren erfolgreich) war gemeinsam, dass sie politische Leitbilder, Ideologien und Kulturen politischer Macht durchzusetzen suchten, die ihnen erheblich wichtiger und richtiger erschienen als der Erhalt und der Schutz der tatsächlich bunten, der tatsächlich vielfältigen, der tatsächlich widerstreitenden Demokratie. Der alten bundesrepublikanischen Demokratie sind derart offen freiheitsfeindliche Angriffe zwar nicht erspart geblieben, sie blieben aber in der Vergangenheit weitgehend wirkungslos -

allerdings auch deshalb, weil der Sowjetimperialismus für jeden auch nur halbwegs Freiheitsliebenden (und nicht nur blind Ideologie-Gläubigen oder von eben diesem System physisch Festgehaltenen) keine akzeptable politische Alternative bot. Vordergründig sollte der Bestand der freiheitlichen Demokratie in Deutschland mit dem Wegfall ihrer direkten Bedrohung also gesichert und nicht länger gefährdet sein.

Paradoxerweise ist seit dem Wegfall der abschreckenden Nicht-Alternative eines real existierenden Sozialismus jedoch ein allgemeiner rundtischlicher demokratischer Konsens in den bundedeutschen Politik-Betrieb eingezogen, der anscheinend gerade aufgrund seiner eigentlich durchaus wünschenswerten Konsensorientierung, eben paradoxerweise, die Möglichkeit gewonnen hat, das Spektrum dieses Konsenses einzuhegen und eine eher geschlossene als offene und öffnende Politik-Kultur einzurichten. So ist ausgerechnet mit dem Wegfall ihrer stärksten Bedrohung der öffentlichen und öffnenden politischen Kontroverse jene erfrischende Breite und Tiefe abhanden gekommen, die letztlich eine elementare Voraussetzung für die Weiterentwicklung der offenen und freiheitlichen Gesellschaft ist. Wer diesen Verlust nicht so recht wahrnehmen möchte, braucht sich nur die Inhaltsarmut sogenannter Wahlkämpfe der letzten Jahre zu vergegenwärtigen, inklusive Versuchen asymmetrischer Demobilisierung, die für überzeugte Demokraten ärgerlich weil diskurs- und demokratie-abträglich sind.

Ja, dies kann ich schon ein wenig nachvollziehen, grübelt der alte Diesel, der über die Jahrzehnte schon an Hunderten von Wahlplakaten vorbeigebraust ist und sich immer wieder gefragt hat, ob die Menschen ihre Wahlentscheidungen nach der Gestaltung und dem Aussehen dieser Plakate oder doch eher nach ihren Inhalten ausrichten und, wenn denn nach Inhalten, nach welchen Inhalten eigentlich. Da er selbst in einem in seinen jungen Jahren als ausgesprochen schick geltenden Farbton lackiert ist, neigt der alte Diesel seiner eigenen Plakat-Design-Hypothese zu und würde vermutlich, wenn er denn einmal wählen dürfte, sich für die so beruhigende Farbe grün, die mit den Sonnenblumen, entscheiden.

Die Flüchtlings- und Migrationskrise des Jahres 2015 hat die begrenzte Bandbreite und Tiefe des innergesellschaftlichen Diskurses auf geradezu bedrückende Weise verdeutlicht. Diese Krise zeigt beispielhaft, wie leicht es möglich ist, selbst eine stabil demokratisch und rechtsstaatlich verfasste Gesellschaft in wechselseitiger Sprachlosigkeit tief zu spalten, wenn diese Gesellschaft von einer Entwicklung überrascht wird, diskursiv nicht länger geübt ist und wenn die die Krise erfassenden Begriffe unscharf und unklar bleiben.

Zu praktisch keinem Zeitpunkt während der Flüchtlings- und Migrationskrise kam es zu einer Klärung ganz grundsätzlicher und wesentlicher Begrifflichkeiten zur Beschreibung der Krise, der Grundvoraussetzung für jeden substantiellen und produktiven politischen Diskurs. Vielmehr schien es mit fortschreitender Krise immer weniger möglich, den pauschal benutzten Flüchtlingsbegriff weiter zu differenzieren und inhaltlich aufzulösen (Kriegsflüchtlinge, Flüchtende, Wirtschaftsmigranten; Asylsuchende/ Gäste, Einwanderer) oder auch nur den politischen Rahmen des ganzen Geschehens wenigstens ansatzweise auszuleuchten. Landauf landab fanden jene hilflos hilfsbereiten, seltsam stillen und bedrückten Orts- und Gemeindeversammlungen statt, in denen es um die Zuweisung von Flüchtlingen ging und in denen die klarsten Aussagen in einem „wir müssen das" und „wir schaffen das" bestanden.

Es war dann die handfeste Hilfsbereitschaft der Vielen, die von Ort zu Ort durch ihr Zupacken verhinderten, dass neue Ghettos und Hotspots interkultureller Auseinandersetzungen entstanden. Medial wurde diese eindrucksvolle Hilfsbereitschaft übersetzt in eine geradezu propagandistisch inszenierte „Willkommenskultur": Hier blitzte sie ganz plötzlich wieder auf, wie aus dem Nichts, jene für unser Land historisch so unheilvolle Neigung zur Vereinnahmung, jener seltsam überzogene kollektivierende Selbstbezug, der es nicht bei einer mitfühlend sachlichen, differenzierten Beschreibung einer herausfordernden Situation belassen kann, sondern das Schicksal der Flüchtlinge und Migranten und ihren Empfang auf ein einfaches Meinungs-Klischee reduziert: „Ab heute ist Willkommenskultur."

Auch wer die große spontane Hilfsbereitschaft und Gastfreundschaft als selbstverständlich begrüßte und unterstützte, vermisste in der Berichterstattung dieser Zeit so etwas wie Unvoreingenommenheit, Begriffsklärung, Balance und Tiefe des Arguments, Sachlichkeit und Ausgewogenheit. Schon während der Flüchtlings- und Migrationskrise gingen daher manchem Nachdenklichen, erstmalig in den Zeiten bundesrepublikanischer Demokratie, Fragen durch den Kopf:

Weshalb diese so unnötigen Überziehungen, weshalb die umarmende, ja eigentlich grundlos jubelnde Willkommenskultur (mit bedrückenden Hurra-Szenen wie beim Zieleinlauf von Marathonläufern) und gleichzeitiger kaltherziger und mitleidloser Ausgrenzung derjenigen Mitbürger, die durch die Migrantenströme ganz offensichtlich überrascht und überfordert waren ? Warum statt öffnender Berichterstattung die so irritierende, teilweise unnachgiebig insistierende Wiederholung offensichtlich unsinniger Behauptungen, über Wochen? Wo blieb die Einsicht, dass jede einseitige Berichterstattung (wie gut sie auch immer „gemeint" sein mag) auf Dauer selbst wohlmeinende, unvoreingenommene und der Fremdenfeindlichkeit gewiss unverdächtige Leser oder Zuschauer, ja vielleicht sogar manche Migranten selbst, erstaunen und irritieren musste? Warum schienen die Leitmedien nicht wenigstens wahrzunehmen, dass auf diese Weise selbstverständlich Glaubwürdigkeit zerstört, das bestehende Grundvertrauen in den gewollten Pluralismus der Gesellschaft tatsächlich nachhaltig unterminiert, die Gesellschaft tatsächlich tief gespalten werden kann ?

Dass in der Not einer akuten Flüchtlings- und Migrationskrise keine komplexen politischen Diskurse geführt werden können, ist durchaus nachvollziehbar: Wenn akute Not herrscht, muss geholfen werden. Weniger leicht zu verstehen ist es allerdings, wenn auch nach der Bewältigung der akuten Krise etwa allfällige Straftaten von Migranten als solche gleichsam verpixelt werden (indem der Migrantenstatus der Täter in diesen Fällen systematisch verschwiegen wird), so dass interessierte Leser seither (wiederum erstmalig in bundesrepublikanischen Zeiten) wie in vordemokratischen Zeiten zwischen und nicht in den Zeilen lesen können, was sie mitunter eben auch interessiert und interessieren darf. Auch sprachlich wurde nachgebessert, allerdings gerade nicht in die Richtung einer schrittweisen Differenzierung und Auflösung des durch seine Pauschalisierung diskursblockierenden „Flüchtlings"-Begriffes, sondern aus vermeintlich sprachlicher Korrektheit in die Gegenrichtung eines sogar noch stärker pauschalisierenden neu erfundenen „Flüchtigen"-Begriffes.

Geht die offene und freie Gesellschaft an dieser Stelle möglicherweise einer demagogischen Denkart auf den Leim, die in einem falschen Selbstverständnis, Menschen vor ihren vermeintlichen Vorurteilen und ihrem falschen Denken schützen zu müssen, tatsächlich nur die andersartigen eigenen Klischees und Stereotype zu schützen sucht ?

Vor allem aber kamen doch auch einige recht grundsätzliche Fragen zur Verfasstheit und zur Zukunft der Gesellschaft auf:

Darf es sich eine offene Gesellschaft erlauben und kann sie es sich ohne Schaden leisten, sich gegenüber abweichenden Meinungen und erkennbar berechtigten Fragen deshalb zu verschließen, weil diese nicht den politisch gewünschten Klischees entsprechen? Wird die pluralistische Gesellschaft hierdurch nicht in ihrer diskursiven Kernsubstanz, ihrer diskursiven DNA sozusagen, geschädigt? Wird durch Ausrufung einer bestimmten „Kultur" nicht eigentlich die Grundkonstruktion von Checks und Balances, die gerade den Durchgriff einzelner Interessensgruppen auf gesamtgesellschaftliche Belange verhindern sollen, ausgehebelt? Wird, in praktischer Konsequenz, schlussendlich sogar verhindert, dass der politische Diskurs sich den eigentlichen, den sehr wichtigen, sehr handfesten und weiterhin ungelösten Fragen zu den Ursachen der sehr verschiedenen Migrationsbewegungen zuwendet - selbstverständlich mit dem Ziel, diese schrittweise politisch anzugehen und aufzulösen, damit diese Gesellschaft nicht in wenigen Jahrzehnten vor dann tatsächlich unlösbaren, dann tatsächlich die Gesellschaft zerreißenden Herausforderungen stehen wird ?

Mit Blick auf die bedrückende deutsche Vergangenheit stellte sich zudem eine dann wirklich sehr bedrückende Frage: Hatten wir derartige Eingriffe zum Schutz bestimmter Meinungsklischees nicht schon früher, einschließlich des mitleidlosen und kaltherzigen Ausschlusses Andersdenkender im eigenen Land?

Und daran anschließend: Welche Meinungsklischees könnten nach dem Muster diskurs-blockierender Orientierungslosigkeit vielleicht schon „morgen" unvermittelt willkommen geheißen oder geschützt werden?

Inzwischen sind bedauerlicherweise weitere dieser sehr schlichten und dennoch sehr wirksamen Klischees aufgetaucht, bei denen tatsächlich (auch für ausdrückliche Nicht-Parteigänger irgendwelcher Protestparteien) der Eindruck entstehen kann, sie sollten in einen neuartigen Kanon bundesdeutscher politischer Korrektheit, in einen in Deutschland in Zukunft einforderbaren Grundkonsens der Demokraten erhoben werden.

So wird der kritische Diskurs über die mitunter schwer nachvollziehbaren politischen Entscheidungen des derzeitigen amerikanischen Präsidenten ohne jede Not und zum Teil vollkommen grundlos mit einem kaum verhohlenen anti-amerikanischen Sentiment aufgeladen. Was der politisch Interessierte in der aktuellen Situation mitunter vergeblich sucht, sind sorgfältige, dezidiert pro-demokratische Analysen der schwierigen US-amerikanischen innenpolitischen Situation und der dort andauernden Verfassungskrise – mit einer sich daraus dann ergebenden viel breiteren und tiefergehenden Diskursivität und Meinungsvielfalt in Deutschland als unvermeidlicher Folge.

Läge es nicht im Interesse auch der bundesdeutschen repräsentativen Demokratie, den Blick der politisch interessierten Öffentlichkeit auch auf die fortbestehende strategische Bedeutung der europäisch-amerikanischen Partnerschaft zu richten? Diese Bedeutung reicht weit über aktuelle Wirtschaftsfragen und selbst die zwei möglichen Amtsperioden eines einzelnen Präsidenten hinaus. Sie hat auch wenig oder gar nichts zu tun mit den so beschämend viel-zitierten Jeans, Erdnussbutter oder Harley-Davidsons oder mit den für so unwiderstehlich gehaltenen deutschen Autos

(der alte Diesel in der Garage hupt wieder einmal zustimmend, wieder einmal ungefragt, sich zugleich nochmals über die zu langen Sätze beschwerend und auf Seite 49 verweisend),

aber sehr viel mehr mit den eng verbundenen Freiheitsgeschichten der USA, Europas und Deutschlands. Wo finden sich im medialen Diskurs, soweit die Initiative hierfür nicht von den USA ausgeht, Zeichen der demokratischen Solidarität mit jenen Millionen freiheitlich gesinnter US Amerikaner, die um den Bestand der freiheitssichernden Checks and Balances ihrer Gesellschaft ebenso besorgt sind wie wir, die auch von ihrer Seite her um die Wichtigkeit der transatlantischen Verbindung für beide Seiten wissen und die derzeit eines ganz gewiss nicht gebrauchen können, die Hybris selbst-erklärt besserer Demokraten auf der anderen Seite des Atlantiks, die sich über die politische Kurzsichtigkeit und Dummheit der Menschen im „rust belt" erheben zu müssen meinen?

Schluss mit den überlangen Sätzen, stöhnt der Diesel, es geht doch um das Klima-Klischee. Bitte weiterlesen auf Seite 49.

Es ist ein dem Anschein nach unkritisches Ausufern selbstgerechter und zugleich verschließender, mitunter mit großer Überheblichkeit vorgetragener Klischees, die seltsame Seltenheit einer tatsächlich kritischen und tatsächlich unvoreingenommenen Intellektualität inklusive der Fähigkeit zu selbst-ironischer Distanz, die so sehr irritieren. Welche Aufregungs-„Kulturen" werden in Zukunft ausgerufen werden, nachdem diese Gesellschaft aus einer Willkommenskultur nahezu übergangslos in eine Klima-Panikkultur zu geraten scheint? Eröffnen sich hier nicht gefährliche Einfallstore für künftige politische Brandstifter, die in kaltem Kalkül auf die Reflexe derartiger Aufregungskulturen spekulieren, sich also als Feuerwehrleute gebärden und „Feuer" schreien könnten, um zum Löschen gerufen zu werden?

Die eigentlich entscheidende Frage angesichts all dieser Sorgen ist allerdings eine ganz andere, eigentlich sehr einfache Frage:

Was können politisch Interessierte, denen die offene und freiheitliche Gesellschaft ein ernsthaftes Anliegen ist und bleibt, hier und heute und ganz konkret tun, um künftigen propagandistischen Inszenierungen diskurs-verschließender Aufregungskulturen rechtzeitig diskurs-öffnend entgegenzutreten?

Die Antwort lautet: Offenlegen und aufklären, aufklären, aufklären. Dabei geht es nicht um irgendeinen Ruck, irgendeine blitzartige Einsicht, die die Gesellschaft vermeintlich erfassen könnte oder sollte. Es geht um die mühsame, sogar sehr mühsame schrittweise inhaltliche Offenlegung und Aufklärung politischer Inhalte und Zusammenhänge, deren steter aufklärerischer Tropfen der Emotionalisierung entgegenwirken und jenen öffnenden und offenen inhaltlichen Diskurs ermöglichen kann, der letztlich auch den Stein der Vorurteile und Klischees höhlt.

Beginne zu verstehen, sinniert der Diesel leise, es geht wohl um die diskursive Öffnung des Klima-Themas. Ich glaube, das interessiert mich.

Über den Wolken

Schwierig wird es für die pluralistische Gesellschaft, wenn der politische Widerstreit dadurch aufgehoben wird, dass politische Ziele mit Absolutheitsanspruch vertreten werden und ihre diskursive Auflösung nicht länger zugelassen wird, weil die Zielsetzungen den Anspruch erheben, über jeder Kritik zu stehen und in dieser „Alternativlosigkeit" gegebenenfalls auch tiefgreifende Eingriffe in die Freiheit der Gesellschaft zu rechtfertigen. Dabei geht es an dieser Stelle nicht um politische Krisensituationen, wie sie etwa in der akuten Flüchtlings- und Migrationskrise bestand. Es geht um politische Zielsetzungen, die im politischen Wettbewerb um ihre Durchsetzung und Deutungshoheit ringen, die sich jedoch dabei mit Absolutheitsanspruch über jede diskursive Auflösung (da es „um alles" geht, mitunter sogar über den Humor) zu stellen versuchen und von diesem Podest vermeintlicher Unangreifbarkeit ihre Durchsetzung gleichsam einfordern.

In historischer Perspektive geschah dies etwa durch die missbräuchliche Machtpolitik der Kirchen, die als autorisierte Vertreter unanfechtbarer göttlicher Wahrheiten sich über jede weltliche Kritik erheben konnten. Die vorhersagbare Konsequenz des Fehlens jedweder wirksamer Checks and Balances war der jahrhundertelange machtpolitische Missbrauch eben dieser kirchlichen Autorität für rein menschliche Interessen.

Aber auch innerhalb des politischen Spektrums der rechtsstaatlich verfassten Demokratie sind die Bürger nicht davor geschützt, dass sie mit politischen Konzepten und Angeboten mit Absolutheitsanspruch konfrontiert werden. Ein inzwischen in Deutschland hoffentlich endgültig gescheiterter Versuch war etwa der, die „wissenschaftlich" begründete Ideologie eines dialektischen Materialismus, die sozusagen aufgrund ihrer behaupteten Wissenschaftlichkeit unwiderlegbar sei, politisch mit eben diesem Anspruch historischer „Richtigkeit" durchzusetzen und jedwede politische Gegnerschaft als historisch widerlegt zu diskreditieren. Die nationalsozialistische Rassenideologie ist demgegenüber das Beispiel einer zutiefst barbarischen und rassistischen Ideologie, die sich ohne eigene demokratische Legitimation, aber eben doch mit Unterstützung oder zumindest Duldung weiter Teile der Bevölkerung brutal und bedenkenlos über die Menschen- und Freiheitsrechte einer bestehenden Demokratie hinwegsetzen und die deutsche Gesellschaft in eine Periode tiefster nationalistischer und rassistischer Hybris stürzen konnte.

All dies liegt hinter uns, möchte man gern sagen. „You are safe", scheint unser rechtsstaatliches Virenschutzprogramm anzuzeigen. Aber wie kann sich die Gesellschaft vor neuartigen und gänzlich andersartigen Angriffen mit eben derartigen Absolutheitsansprüchen, schützen, die sich vielleicht den historischen Rastern allein dadurch entziehen, dass sie historisch „noch nie dagewesen" sind?

Die Antwort lautet auch hier: Durch stetige Offenlegung, durch stetige Aufklärung.

Der alte Diesel macht die Leserinnen und Leser an dieser Stelle freundlich darauf aufmerksam, dass an dieser Stelle, endlich, endlich, das Klima-Thema beginnt.

Das Klima-Thema

Ein politisches Megathema, das dringend eines offenlegenden und aufklärenden gesellschaftlichen Diskurses bedarf, ist das Thema des Umwelt- und Klimaschutzes. Die Verhinderung einer drohenden Klimakatastrophe gehört eben auch in das Spektrum jener politischen Zielsetzungen, die mit Absolutheitsanspruch vertreten werden können, ja vertreten werden müssen: Wer könnte sich, wer dürfte sich gegen politische Eingriffe wehren, die eine Klimakatastrophe verhindern? Wer könnte es verantworten, die Zukunft unserer Kinder auf eine solch unverantwortliche Weise zu gefährden?

Ähnlich wie es in der Flüchtlings- und Migrationskrise partout nicht möglich schien, zwischen Kriegsflüchtlingen und Wirtschaftsmigranten, zwischen Asylsuchenden und Einwanderern zu unterscheiden, gehen auch in der medialen Klima-Debatte die Begrifflichkeiten bunt gewürfelt durcheinander: Temperaturanstieg, Feinstaub, Stickoxide, Kohlendioxid, Treibhausgase, Grenzwerte, Klimaziele, Klimakatastrophe, Windkraft, Erdgas, Methan, Braunkohle, Fahrverbote für Diesel – oder doch für Benziner oder gleich für alle Verbrennungsmotoren.

Der alte Diesel in der Garage schweigt jetzt angespannt, mit höchster Aufmerksamkeit.

Ähnlich wie in der Flüchtlings- und Migrationskrise scheint es auch in der Berichterstattung rund um die Klimapolitik eher um kollektive Stimmungen und symbolische Ereignisse als um die Klärung dahinterstehender Inhalte und Zusammenhänge zu gehen: Dem rein symbolischen Kampf um den kleinen Hambacher Forst (zwischenzeitlich medienweit liebevoll „Hambi" genannt) oder der erstmaligen Landung einer jungen Klima-Aktivistin auf deutschem Boden wird in der medialen Berichterstattung größere Aufmerksamkeit zuteil als dem längst überfälligen öffnenden Diskurs über die dahinterstehenden klima- und energiepolitischen Begrifflichkeiten, Fakten und Zusammenhänge.

Dabei bietet gerade die aktuelle babylonische Sprachverwirrung rund um die Klimapolitik eine besondere Chance, einer sich erneut anbahnenden kollektiven Emotionalisierung durch die Klärung weniger Begrifflichkeiten aufklärend entgegenzutreten und so etwas wie Sachlichkeit in diese wichtige Diskussion einziehen zu lassen. Auf diese Weise könnte im besten Fall nicht nur dieser Diskurs selbst geöffnet und versachlicht werden, sondern zugleich ein erstes konkretes Beispiel geschaffen werden für die grundsätzliche Möglichkeit der Weiterentwicklung einer hoch-emotionalisierten Aufregungskultur in eine unaufgeregte, inhaltlich aufklärende Diskurskultur.

Um mit dieser Bemerkung nicht gleich ungerechtfertigterweise in die Sperrfeuer eines „Klima-Leugner-" oder „Klima-Ketzertums" zu tappen, sei eingangs klar festgestellt, dass die Notwendigkeit von Umwelt- und Naturschutz in diesem Essay nicht in Frage steht, ebenso wenig der Imperativ zur Vermeidung einer vermeidbaren Klimakatastrophe. Es geht mit den nachfolgenden Ausführungen allein um den Versuch einer Situations-beschreibung unter Klärung wesentlicher Grundbegriffe und Evidenzen, also um den Versuch eines Beitrages zur Weiter-entwicklung einer aktuell in Deutschland hochaufgeregten Dis-kussion in Richtung einer möglichen künftigen Aufklärungs-debatte. Dabei werden unvermeidlicherweise auch ein paar allgemein gehaltene und weithin akzeptierte Klischees neu be-leuchtet und vielleicht sogar in Frage gestellt werden. Aber mit diesem Schmerz müssen wir leben - anders kommt die diskursive Gesellschaft nun einmal einfach nicht voran. Es geht im zweiten Teil des hier angeregten Klima-Diskurses dann auch darum, in der direkten Gegenüberstellung der Klimaschutzmassnahmen der Bundesrepublik Deutschland und der Volksrepublik China deren gewaltige Unwucht und geradezu groteske Unterschiedlichkeit aufzuzeigen, die im bundesdeutschen Diskurs bisher noch nicht so recht angekommen zu sein scheinen, obwohl sie die Zukunft der Gesellschaft im politischen wie wirtschaftlichen Wettbewerb gerade mit der VR China möglicherweise nachhaltig beeinflussen könnten.

Der alte Diesel möchte an dieser Stelle zu Protokoll geben, dass er selbst jederzeit auch zur Selbst-Stilllegung, also zu einer Art automotivem Harakiri bereit wäre, wenn er denn so hoffen könnte, einen substantiellen Beitrag zur Klimarettung zu leisten. Wegen seines spätestens seit Seite 49 dieses Essays inzwischen doch hohen Bekanntheitsgrades (auch Dieselfahrzeuge deutscher Produktion scheinen zu einer gewissen elitären Hybris zu neigen) wäre er sogar zu einer rein symbolischen, Zeichen setzenden Selbst-Stilllegung bereit.

Eine Aufklärung der Faktenlage scheint vor allem auch deshalb angeraten, weil Angst, wie sie in einer Klima-Panik herrscht, grundsätzlich ein sehr schlechter Ratgeber ist. Ein weiterer wichtiger Grund ist, dass nicht alle das Klima und seine Folgen betreffenden Projektionen vergangener Jahrzehnte tatsächlich eingetroffen sind, wie dies angesichts der Unsicherheit jedweder Vorhersagen allerdings auch nicht anders zu erwarten ist.

Der Wald in Deutschland ist nicht durch sauren Regen gestorben („erst stirbt der Wald, dann der Mensch", 1982). Neuere Satellitenaufnahmen scheinen vielmehr zu belegen, dass unser Planet in den letzten 20 Jahren um 5% grüner geworden ist. Laut NASA sind für diese Begrünung vor allem Aufforstungsmassnahmen in Indien und China verantwortlich, aber eben auch der weltweite Temperaturanstieg und erhöhte Kohlendioxid-Konzentrationen in der Atmosphäre, die nicht nur den Regen sauer machen und als Treibhausgas zur Klimaerwärmung beitragen, sondern als Nährstoff der pflanzlichen Photosynthese zugleich die Begrünung fördern.

Auch das Ozonloch vergrössert sich nach dem weltweiten Bann von Fluorchlorkohlenwasserstoffen im Jahr 1987 nicht immer weiter, wie teilweise befürchtet, sondern wird kleiner, auch wenn es sich alljährlich im antarktischen Frühling noch immer neu einstellt. Das vollständige Verschwinden des Ozonloches (ohne alljährliches Wiederauftreten) wird derzeit bis 2060 erwartet. Das Beispiel des Ozonloches zeigt dabei zugleich sehr eindrucksvoll, wie wirksam international koordinierte Massnahmen zum Schutz der Atmosphäre sein können und dass derartige Massnahmen daher zwingend auf die politischen Agenden des 21. Jahrhunderts gehören: Wir müssen uns den Herausforderungen von Klimaveränderungen stellen, weil menschliches Handeln angesichts einer rasch weiter wachsenden Weltbevölkerung unweigerlich zunehmenden Einfluss auf das Klima nehmen wird und weil umgekehrt Klimaveränderungen, wie historisch dokumentierte Klimaschwankungen bedrückend belegen, tiefgreifende gesellschaftliche Konsequenzen nach sich ziehen können.

In einer Zeit, in der die Treffsicherheit von Wetterprognosen für die nächsten drei Tage allerdings nur bei etwa 75% liegt, bleiben weltumspannende Klimaprognosen auch weiterhin mit Unsicherheiten behaftet. Trotz all dieser Unsicherheiten lassen sich jedoch einige hinreichend durch Evidenzen und Fakten belegte Aussagen hinsichtlich der Klimaentwicklung, dem Beitrag der Menschheit, dem Beitrag Deutschlands und den sich daraus ergebenden Handlungsoptionen für die Klima- und Energiepolitik machen.

Die nachfolgenden Paragraphen sind ein Versuch zur Begriffsklärung sowie zur Klärung der Faktenlage rund um die Klima-Thematik. Eine solche Klärung ist eine unabdingbare Voraussetzung für jedweden substantiellen inhaltlichen Diskurs. Die nachfolgenden Abschnitte sind dabei als eine orientierende

Skizze in einem Essay gedacht, dem es vor allem um die Öffnung, um die Diskursermöglichung und Diskursverbreiterung geht und nicht um irgendwelche politischen, schon gar nicht klimapolitischen Festlegungen. Es geht also ausdrücklich nicht um irgendeine Parteinahme (oder Gegenparteinahme) und es geht auch nicht um eine autoritative Meinungsäußerung, sondern allein um die Anregung eines neuartigen Diskurses der Aufklärung über die wichtige Klima-Thematik. Insoweit sich Fehler eingeschlichen haben (was angesichts der Breite und Unterschiedlichkeit zugänglicher Internet-Quellen leider nicht ganz ausgeschlossen werden kann), möge bitte selbst dieser Umstand als Diskursanregung verstanden werden, nicht als Anlass zur Diskreditierung des hier angeregten Ansatzes einer inhaltlichen Aufklärung insgesamt. Die Informationen selbst sind sehr verschiedenartigen öffentlich zugänglichen Internet-Quellen wie auch Medienberichten entnommen, wobei die sehr informationsreiche und stetig aufdatierte Website der NASA (https://climate.nasa.gov) eine besonders hilfreiche Ressource war:

- **Die weltweiten Temperaturen steigen seit etwa vier Jahrzehnten an.** Laut NASA ist es seit Mitte/Ende der siebziger Jahre des letzten Jahrhunderts zu einem Anstieg der weltweiten Temperaturen um ca. 0.8°C gekommen. Dabei wurden 18 der 19 wärmsten gemessenen Jahre, seit dem Beginn regelmässiger Temperaturmessungen gegen Ende des 19. Jahrhunderts, seit dem Jahr 2001 beobachtet. Zwar gibt es durchaus Experten-Diskussionen über die grundsätzliche Fehleranfälligkeit und mögliche Variabilität der weltweiten Temperaturmessungen, aus denen die mittleren weltweiten Temperaturen ermittelt werden. Jedoch ist der kontinuierliche Temperaturanstieg der letzten Jahrzehnte eine Tatsache, die durch den Rückgang der arktischen Eiskappe (Rückgang um 12.8% pro Jahrzehnt, bisher kleinste Ausdehnung 2012), das Abschmelzen von Gletschern und Eisdecken weltweit (laut NASA 286 Milliarden Tonnen Eis jährlich auf Grönland zwischen 1993 und 2016, 127 Milliarden Tonnen jährlich in der Antarktis) und einen Anstieg der Meeresspiegel (etwa 20 cm im letzten Jahrhundert, mit sich beschleunigender Tendenz in den letzten Jahren) belegt ist. Erdgeschichtlich liegt die mittlere Erdtemperatur von derzeit etwa 14.8°C dabei noch unterhalb der angenommenen mittleren Temperatur von ca. 20°C unmittelbar vor Beginn der letzten grossen Kaltzeit (Glazial). Diese letzte Kaltzeit hatte vor etwa 21'000 Jahren mit mittleren Erdtemperaturen um 9-10°C ihren Höhepunkt und endete vor etwa 10'0000 Jahren. Grosse Kalt- und Warmzeiten (Glaziale und Interglaziale) scheinen mit einer Periode von etwa 100'000 Jahren aufzutreten und werden auf Schwankungen der Erdumlaufbahn um die Sonne zurückgeführt. Wir befinden uns derzeit in einem Interglazial. Erdgeschichtlich befinden wir uns in einer lang-anhaltenden Eiszeit, die vor etwa 2.6 Millionen Jahren begann.

- **Ein durch Menschen verursachter vermehrter Ausstoss von Treibhausgasen trägt zum aktuellen weltweiten Temperaturanstieg bei.** Wasserdampf (H_2O) gehört ebenso wie Kohlendioxid (CO_2), Distickstoffmonoxid (N_2O) und Methan (CH_4) zu den sogenannten Treibhausgasen. Diese behindern die Abstrahlung von Erdwärme und tragen so zur Erderwärmung bei. Natürlich vorkommende Treibhausgase erhöhen die mittlere Erdtemperatur um circa 33°C von etwa -18°C auf etwa 14-15°C. Ohne diesen natürlichen Treibhauseffekt wäre Leben, wie wir es kennen, auf der Erde nicht möglich. Das wichtigste natürliche Treibhausgas ist Wasser beziehungsweise Wasserdampf, dessen Anteil in der

Atmosphäre bei etwa 2-3% liegt. Dabei wirkt Wasser sowohl als Treibhausgas, dessen temperatursteigernde Wirksamkeit bei Erwärmung durch erhöhte Verdunstung nochmals verstärkt wird, als auch erwärmungsbegrenzend durch Wolkenbildung, die die Wärmestrahlung der Sonne reflektiert (Albedo-Effekt) und die Erdoberfläche kühlt. Die komplex rück-gekoppelten Einflüsse von Wasserdampf auf die Erdtemperatur und das Klima (und hier insbesondere die Einflüsse von Wolkenbildung) sind noch immer nicht sicher in Klimamodellen vorhersagbar. Diese Schwierigkeit ist ein wesentlicher Grund für die verbleibende Unsicherheit bestehender Klimamodelle. Allerdings besteht unter Klima-Experten Einigkeit darüber, dass die aktuelle Klimaanomalie des Temperaturanstieges der letzten Jahrzehnte nicht durch natürliche Ursachen wie etwa den Treibhauseffekt von Wasserdampf zu erklären ist.

Ein Treibhausgas, dessen atmosphärische Konzentrationen seit dem Beginn der Industrialisierung im 19. Jahrhundert stetig ansteigen, ist CO_2 (Kohlendioxid). Laut NASA sind die CO_2 Konzentrationen von 300 parts per million (ppm) im Jahr 1880 über 380 parts ppm im Jahr 2006 auf 411 ppm im Jahr 2018 angestiegen. Bei der Bewertung dieser auf den ersten Blick gering erscheinenden Veränderung in der Gesamtzu-sammensetzung der Atmosphäre (Anstieg von 0.030% auf 0.041% der atmosphärischen Gase insgesamt) ist zu berücksichtigen, dass der höchste vor 1950 in Proben aus mehr als 400'000 Jahren nachweisbare CO_2 Level bei 300 ppm lag, wobei in dieser Analyse anscheinend die Volatilität und natürliche Halbwertszeit von CO_2 bereits berücksichtigt sind. Insgesamt hat sich also der CO_2 Gehalt der Atmosphäre seit Beginn der industriellen Revolution also um rund 30% erhöht, wofür es keine andere plausible Erklärung gibt als die industriellen Aktivitäten von Menschen (Verbrennung von Kohle, Gas und Öl). Dabei bleibt die menschen-verursachte CO_2 Emission von jährlich etwa 29-32 Gigatonnen (davon etwa 22% durch den Transport von Menschen und Waren) gering im Vergleich zur natürlichen CO_2 Emission von etwa 550-750 Gigatonnen. Während jedoch die natürlichen CO_2 Emissionen auch wieder natürlich abgebaut werden (vor allem durch die pflanzliche Photosynthese), überfordert die menschen-verursachte zusätzliche Emission diese natürliche Balance, erhöht so den atmosphärischen CO_2 Anteil und treibt einen weltweiten Anstieg der Temperaturen. Eine vermehrte Begrünung (etwa durch Aufforstung) gehört jedoch zu einer der möglichen Maßnahmen, um der Atmosphäre CO_2 auch wieder zu entziehen. Eine solche Vergrößerung der CO_2 Sinkgruben durch Aufforstung gehört daher zum Bündel der Klimaschutzmaßnahmen, die etwa die VR China ergreift.

Neben CO2 sind weitere ganz oder teilweise menschen-verursachte Treibhausgase zu berücksichtigen: Die Konzentration vom Methan in der Atmosphäre liegt zwar mehr als 200-fach niedriger als die von CO2. Methan ist jedoch ein etwa 25-fach wirksameres Treibhausgas. Die Methan-Konzentrationen in der Atmosphäre sind von 727 parts per billion (ppb; beachte: Angaben zu atmosphärischen H_2O Konzentrationen werden in % [sozusagen „parts per hundred"] gemacht, Angaben zu CO_2 üblicherweise in parts per million, ppm, also in einer zehntausendfach niedrigeren Einheit als %; Angaben zu Methan in parts per billion = Milliarde, also einer nochmals tausendfach niedrigeren Einheit) im Jahr 1800 auf 1868 ppb im Jahr 2018 angestiegen, wobei auch dieser Anstieg als im wesentlichen durch menschliche Aktivitäten (jeweils etwa zur Hälfte aus Landwirtschaft und Erdgasverarbeitung) verursacht gilt. Distickstoffoxid (N_2O, Lachgas) ist ein beinahe 300-fach wirksameres Treibhausgas als CO_2. Die Konzentration von N_2O in der Atmosphäre liegt bei etwa 310 ppb, mit einem Anstieg der N_2O Konzentration in der Atmosphäre um etwa 17% seit Beginn der Industrialisierung. Etwa 40% der N_2O Emissionen werden auf menschliche Aktivitäten zurückgeführt, davon etwas mehr als 75% aus Landwirtschaft/ Stickstoff-Düngung, etwa 5% aus Transport. Die N_2O Emissionen betragen etwa 7.5% der CO_2 Emissionen.

Vom Treibhausgas N_2O (Distickstoffoxid) klar abzugrenzen sind Stickoxide (NO_x), die bei der Verbrennung von Kohle und Öl entstehen und im Strassenverkehr zu bis zu 80% aus Dieselmotoren stammen.

Der alte Diesel in der Garage schweigt betroffen: Hier also liegt das Problem.

Stickoxide selbst sind allerdings keine Treibhausgase, auch wenn es indirekte Effekte gibt.

Wie – kein Treibhausgas? wird aus der Garage nachgefragt.

Sie sind vielmehr Reizgase und ihre Emission wird aus diesem gesundheitlichen Grund (und nicht aus Klimaschutzgründen) begrenzt. Die Stickoxid-Emissionen sind in Europa bereits sehr stark rückläufig, zwischen 1990 und 2015 in Deutschland um bemerkenswerte rund 59%. Dieselmotoren stossen bei vergleichbarer Leistung bis zu 15% weniger Treibhausgas CO_2 aus als Benzinmotoren –

weshalb (bei vergleichbaren Motorleistungen) Dieselfahrzeuge im Hinblick auf den Klimaschutz gegenüber
Benzinfahrzeugen eigentlich vorzuziehen wären.

*Es hört sich gerade so an, als ob der alte Diesel in der Garage
leise schluchzt.*

Aufgrund der Treibhausgaseigenschaften von CO_2, Methan
und N_2O ist sicher davon auszugehen, dass ihre
ansteigenden Konzentrationen in der Atmosphäre auch die
weltweiten Temperaturen ansteigen lassen. Weniger sicher
ist hingegen die genaue Höhe des so bedingten
Temperaturanstieges und, angesichts des tatsächlich zu
beobachtenden Temperaturanstieges, ihr absoluter Beitrag.
Es ist nicht möglich, diese Frage direkt experimentell zu
beantworten. Es wird daher versucht, durch computerisierte
Klimamodelle diesen Einfluss zu simulieren. Nach diesen
Modellen werden, orientierend anhand verschiedener, nicht
vollständig übereinstimmender Quellen, etwa 60-75% des
menschenverursachten Temperaturanstieges auf CO_2, 15-
20% auf Methan und 5-8% auf Distickstoffoxid zurückgeführt
(mit zusätzlichen Anteilen von um die 2% durch weitere
menschen-verursachte Treibhausgase wie Fluorkohlen-
wasserstoffe).

- **Vorhersagen der künftigen Temperaturentwicklung
basieren auf Klima-Modellen.** Die jährliche mittlere
Temperatur regional und weltweit wird von einer Vielzahl
von Faktoren beeinflusst. So führte beispielsweise der
Ausbruch des isländischen Vulkans Laki im Jahr 1783 zu einer
deutlichen Abkühlung in Europa mit schweren Missernten,

die von Historikern in Zusammenhang mit dem Ausbruch der französischen Revolution gebracht werden. Der gewaltige Ausbruch des indonesischen Vulkanes Tambora im Jahr 1815 führte zu einer mehrjährigen Abkühlung um durchschnittlich 0.7°C, verbunden mit weltweiten Wetterextremen, Ernteausfällen, Hungersnöten und Wanderungsbewegungen. Nach dem Ausbruch des Vulkans Krakatau in Indonesien im Jahr 1883 soll es zu einem Absinken der mittleren Jahrestemperaturen im Osten der USA um 1.5°C gekommen sein.

Es gibt keinen Anlass anzunehmen, dass die vulkanischen Aktivitäten auf der Erde in Zukunft abnehmen werden. Die Erdplatten verschieben sich weiter, durch uns Menschen nicht beeinflussbar. So werden auch in Zukunft vulkanische Aktivitäten freigesetzt werden. Tatsächlich gibt es einige tektonische Soll-Bruchstellen, wie den sogenannten pazifischen Feuerring. Es gibt zudem grosse tektonische Formationen, die das Potential haben, Vulkanausbrüche historisch unbekannten Ausmasses freizusetzen, sogenannte Super-Vulkane, mit dem amerikanischen Yellowstone-Park als dem wohl bekanntesten Beispiel. Es wird geschätzt, dass die obere Erdkruste bis zu 100 Billionen Tonnen Kohlenstoff freisetzen könnte, im Vergleich zu etwa 3.2 Billionen Tonnen CO_2 (entsprechend etwa 870 Milliarden Tonnen Kohlenstoff), die sich derzeit in der Atmosphäre befinden. Allerdings ist bei in den vergangenen Jahrzehnten eher geringen vulkanischen Aktivitäten der Beitrag von Vulkanen zu den derzeitigen weltweiten CO_2 Emissionen gering im Vergleich zu menschen-gemachten Emissionen. Er wird derzeit auf etwa 2% geschätzt. Die Klimawirksamkeit von Vulkanausbrüchen (wichtig: mit dem initialen Nettoeffekt der Abkühlung, nicht der Erwärmung) wird in erster Linie auch nicht auf den Ausstoss von CO_2, sondern auf den massiven Ausstoss von Schwefelaerosolen zurückgeführt, die bei grossen Vulkanausbrüchen, wie dem des Tambora im Jahr 1815, in Höhen von über 50 km gelangen können.

Auch die Sonnenaktivität unterliegt Schwankungen. Eine sogenannte „Kleine Eiszeit" zwischen dem 13. und 18. Jahrhundert mit Abkühlungen der mittleren Temperaturen um bis zu 2.5°C in Europa wird auf diese Schwankungen der Sonneneinstrahlung zurückgeführt. Auch hier kam es zu gesellschaftlichen Unruhen, wobei von Historikern auch auf den zeitlichen Zusammenhang mit dem Höhepunkt der Hexenverfolgungen hingewiesen wird. Zwischen etwa 950-1250 n.Chr. erlebten die nördliche Hemisphäre und Europa hingegen eine mittelalterliche Warmzeit (auch als mittelalterliche Klimaanomalie oder englisch Medieval Climate Anomaly bezeichnet, kurz MCA) mit Temperaturschwankungen in einer ähnlichen Größenordnung wie den jetzt beobachteten, die von Historikern mit grönländischen Siedlungsgründungen und Raubzügen der Wikinger in Verbindung gebracht werden. Auch diese Anomalie wird auf eine Erhöhung der Sonneneinstrahlung bei gleichzeitig geringer vulkanischer Aktivität zurückgeführt. Der aktuell zu beobachtende Temperaturanstieg steht nach fortlaufenden Messungen allerdings nicht im Zusammenhang mit Änderungen der Sonnenaktivität. Der Hinweis, dass sehr geringe Veränderungen der Sonnenabstrahlung (0.01%) ausreichen würden, um den durch den CO_2 Treibhauseffekt angenommenen Energiefluss auszulösen, soll an dieser Stelle zwar nicht verschwiegen werden, ändert aber nichts an der anscheinend von nahezu allen Experten vertretenen Einschätzung, dass Veränderungen der Sonnenaktivität (die ständig gemessen wird) als Ursache für die aktuelle Klimaanomalie nicht in Frage kommen.

Eine Abschwächung oder gar Unterbrechung des Golfstromes, von dessen Wärmeströmung das Klima in Europa entscheidend abhängt, kann gleichfalls zu dramatischen Klimaveränderungen führen. Dabei gibt es anscheinend verschiedene Expertenmeinungen zur Wahrscheinlichkeit, zum erwarteten Ausmass wie auch zu den Konsequenzen eines solchen möglichen Geschehens. Eine anscheinend weit vertretene Hypothese ist, dass eine vorübergehende Abschwächung des Golfstromes zu erwarten sei und eine Abkühlung des Weltklimas begünstigen könnte. Interessanterweise wird jedoch auch die Hypothese vertreten, dass eine vorübergehende Verlangsamung des Golfstromes über die nächsten 20 Jahre zu einer Erwärmung in der bisher bereits beobachteten Grössenordnung (und nicht zu einer Abkühlung) führen könnte. Hinsichtlich der zu erwartenden Veränderungen des Golfstromes scheinen die Expertenmeinungen nicht einheitlich. Dies ist allerdings auch kaum anders zu erwarten, wenn allein im Jahr 2018 (laut einem Blog-Eintrag) rund zwanzigtausend von Experten geprüfte (peer-reviewed) Studien, die, unter dem Stichwort „climate change" aufrufbar sind, veröffentlicht wurden. Erfreuliche Einigkeit scheint immerhin dahingehend zu bestehen, dass das Szenario einer neuen Eiszeit durch plötzliche Unterbrechung des Golfstromes, wie in Roland Emmerichs Katastrophenfilm „The day after tomorrow" inszeniert, derzeit nicht droht.

Bei fehlender experimenteller Nachprüfbarkeit der tatsächlichen Effekte einzelner möglicher Einflussfaktoren auf das Klima beruhen sämtliche Klimavorhersagen auf computerisierten Klimamodellen. Die Richtigkeit und der Grad der Validierung dieser Modelle ist der Gegenstand fortlaufender wissenschaftlicher Kontroversen, ebenso ihre stetige Anpassung und Verbesserung. Angesichts der ungemeinen Komplexität des Klimageschehens ist es ganz offensichtlich schwierig, mathematische Modelle zu entwickeln, die dieses Geschehen zuverlässig abbilden oder gar zuverlässig vorhersagen können. Man muss nicht auf die vor Jahren viel-diskutierte Chaostheorie verweisen, nach der ein Schmetterlingsflügelschlag einen Wirbelsturm auslösen kann, um das Ausmass dieser Herausforderung zu erkennen. Wenn schon nicht Flügelschläge von Schmetterlingen, so ist doch der Einfluss von Wolkenbildungen (mit Wasser als wichtigstem natürlichen Treibhausgas) auf das Klima ebenso gewiss wie die Unsicherheit, Wolkenbildungen mit möglicherweise grossen kumulativen Effekten vorher-zusagen und ihre Klimakonsequenzen zu simulieren. Die durch Wolkenbildung eingeführte thermale Unsicherheit wird, zumindest von einigen Experten, als vielfach höher eingeschätzt (bis zu 100-fach höher) als die rechnerisch ermittelt aus dem CO_2 Überschuss entstehende Extra-Energie.

- **Deutschlands Anteil am weltweiten Kohlendoxid-Ausstoss ist vergleichsweise gering und nimmt weiter ab.** Der Anteil Deutschlands an der weltweiten CO_2 Produktion (als dem wichtigsten menschen-verursachten Treibhausgas) liegt bei 2.2%. Deutschland hat seine CO_2 Emissionen zwischen 1990 und 2017 zwar um 27.7% reduziert, erreicht aber voraussichtlich nicht das im Jahr 2007 selbstgesetzte Ziel einer Reduktion von 40% bis 2020.

- **Eine wirksame und nachhaltige Klima- und Energiepolitik kann nur im europäischen Verbund gelingen.** Die Erfordernisse eines weltweiten Klimaschutzes machen an den Grenzen Deutschlands nicht halt. Umso erstaunlicher ist, dass die Länder Europas, darunter auch die Bundesrepublik Deutschland, den Verbund einer koordinierten EU Klimaschutz- und Energiesicherheitspolitik nur verhalten voranzutreiben scheinen. Beispielhaft für die grosse Unterschiedlichkeit der derzeitigen nationalen Ansätze in Europa kann die stark auf Atomenergie ausgerichtete Klima- und Energiepolitik Frankreichs (58 g CO2 Emission je kWh Strom 2016; durchschnittlicher Strompreis 16.9 Cent je kWh, Steuer- und Abgabenanteil etwa 35%) der Politik Deutschlands (560 g CO2 Emission je kWh Strom 2016; durchschnittlicher Strompreis 30.5 Cent je kWh, Steuer- und Abgabenanteil etwa 50%) gegenübergestellt werden, die auf Atomenergie verzichtet und daher (bei auch in Zukunft absehbar begrenzter Kapazität und Versorgungssicherheit durch zudem stark subventionsabhängige erneuerbare Energien) in verstärktem Masse auf Erdgas- und Erdöllieferungen aus dem Ausland setzt. Deutschlands mit Abstand grösster Lieferant sowohl von Gas als auch von Öl ist Russland (Anteil an Gaslieferungen etwa 40%, an Öllieferungen etwa 37%). Die Abhängigkeit von russischen Lieferungen wird von manchen als strategisches politisches Risiko angesehen, wobei sich östliche Nachbarländer noch stärker als Deutschland um ihre Energieversorgungssicherheit sorgen. Diese Sorge östlicher Nachbarländer wird dadurch bestärkt, dass derzeit im Ausbau befindliche direkte Transportwege aus Russland diese Länder in Zukunft umgehen können. Es ist damit bereits heute unschwer zu erkennen, dass die Energiepolitik in Zukunft das Potential haben wird, die Länder Europas politisch zu spalten. In einer diskursiven offenen und freiheitlichen Gesellschaft sollten derartige strategische Risiken und Zielkonflikte, selbstverständlich zusammen mit den Risiken der Klimaerwärmung, in einem breiten politischen Diskurs offengelegt und Schritt für Schritt aufgelöst werden können. Dieser Essay möchte diese Offenlegung anregen, beginnend mit der hier versuchten Klärung der Begrifflichkeiten.

Die vielen vorliegenden Klima-Daten und Evidenzen zeigen also ganz eindeutig das Vorliegen einer Klimaanomalie und lassen auch keinen Zweifel an der Notwendigkeit politischen Handelns. Die Gesamtbetrachtung zeigt allerdings auch, dass das Klima zahlreichen, zum Teil gegenläufigen und grundsätzlich nur sehr schwer vorhersagbaren Einflüssen unterliegt, dass die aktuelle Klimaanomalie weder die erste ist noch die letzte sein wird und dass daher ein besonnenes, nicht durch Panik motiviertes Handeln angezeigt ist mit dem Ziel, neben den erkennbaren Klima-Risiken auch andere wesentliche gesellschaftliche Risiken (neben einigen Chancen) gegeneinander abzuwägen und angemessen zu berücksichtigen. Die Daten zeigen im Übrigen auch, dass Deutschland auf einem gutem Weg ist: Die CO_2 Emissionen wurden bereits sehr deutlich gesenkt und werden weiter sinken. Es wäre jetzt also ein gut geeigneter Zeitpunkt, den Blick zu heben und den öffentlichen Klima-Diskurs in sachlicher Weise und mit offenem Blick in eine offene Zukunft neu zu begründen.

Da es auf unserem Planeten nicht an potentiell verfügbaren Energieresourcen zur Versorgung der Menschheit mangelt (eine gute Nachricht, die gelegentlich auch einmal kommuniziert werden sollte), eröffnen sich möglicherweise faszinierende, wenn auch nur durch weitere Innovation erschließbare Lösungen der Energieversorgung in Deutschland und sogar weltweit, auch ohne bedrohliche langfristige Abhängigkeiten von einzelnen Lieferanten. Der entsprechende öffnende und dann in seiner politischen Substanz auch öffentliche Diskurs ist also nicht nur notwendig — er könnte, wenn er denn ergebnis- und innovations-offen geführt würde, inhaltlich faszinierend und in seinem Endergebnis möglicherweise bahnbrechend erfolgreich werden. Dabei müssen wir uns auch keinesfalls auf die freundlicherweise mitgeteilten Fünf-Jahrespläne der VR China, etwa zur Einführung der Elektrifizierung von Kraftfahrzeugen, stützen und entsprechende Zielsetzungen auch in der Bundesrepublik Deutschland festschreiben — denn es ist immerhin möglich, dass sich gänzlich andere, möglicherweise sogar bessere Lösungen finden werden.

Es stellt sich somit die Frage, weshalb ein solch zukunfts-offener inhaltlicher Diskurs in der Bundesrepublik Deutschland des Jahres 2019 einfach nicht so recht gelingen will. Eine Hypothese dieses Essays ist, dass dies nicht allein an der bestehenden babylonischen Sprachverwirrung liegt (wenn diese auch entscheidend sein dürfte für eine anscheinend in Panik umschlagende Orientierungslosigkeit), sondern auch an der Art und Weise, wie Klimadaten derzeit generiert, politisch interpretiert und innerhalb der Gesellschaften diskutiert und aufgearbeitet werden. Um dies besser zu verstehen, ist es erforderlich, sich ein wenig näher mit dem besonderen politischen Konstrukt des Weltklimarates (englisch Intergovernmental Panel on Climate Change, kurz IPCC) zu beschäftigen.

Auch hier sei schon eingangs festgehalten, dass angesichts der möglicherweise weitreichenden gesellschaftlichen und ökonomischen Konsequenzen klimatischer Veränderungen es ein großes politisches Verdienst dieses Weltklimarates ist, schon frühzeitig auf die aktuelle Klimaanomalie aufmerksam gemacht zu haben. Dieses unbestrittene Verdienst wurde unter anderem im Jahr 2007 durch die Verleihung des Friedensnobelpreises gewürdigt.

Der Weltklimarat wurde bereits im Jahr 1988 vom Umweltprogramm der Vereinten Nationen (englisch United Nations Environment Programme, kurz UNEP) und der Weltorganisation für Meteorologie (englisch World Meterological Organization, kurz WMO) gegründet, mit Sitz in Genf. Er versteht sich (und hier liegt ein erster Ausgangspunkt von Kritik sowie möglicher Interessenskonflikte) sowohl als ein wissenschaftliches Gremium als auch als ein zwischenstaatlicher Ausschuss, in dem die Regierungen von inzwischen 195 Ländern direkt vertreten sind.

Die im Weltklimarat verwirklichte enge Verzahnung von (grundsätzlich von Finanzierung abhängiger) Wissenschaft und (Finanzierung gewährender) Politik ist sehr wahrscheinlich eine der strukturellen Ursachen dafür, dass die Klimapolitik derzeit, mit wissenschaftlicher Evidenz als Ausgangspunkt, direkt und zugleich sehr tief in die Wirtschafts- und Energiepolitik der Gesellschaften eingreifen kann, ohne dass sich der Souverän dieser Gesellschaften, die Bevölkerung, wirksam artikulieren kann. Sichtbarer Ausdruck dieses „Kurzschlusses" ist die jedem Bericht des Weltklimarates angefügte „Summary for Policymakers", die Zeile für Zeile auch der Zustimmung der beteiligten Regierungen bedarf und daher kein wissenschaftliches, sondern ein politisches Dokument ist.

Die wissenschaftliche Qualität der Arbeit des Weltklimarates wird allgemein als hoch bewertet. Das Gremium vereinigt weltweite Klimaexpertise und analysiert fortlaufend die Klimaentwicklung mit globaler Perspektive. Die Anerkennung der wissenschaftlichen Arbeit des Weltklimarates wird auch nicht dadurch relativiert, dass sich der Weltklimarat über die Jahre schon mehrfach verrechnet hat und etwa das Abschmelzen der Himalaya-Gletscher oder die Tieflage der Niederlande „übertrieben" wurden. Diese Fehler wurden eingestanden und korrigiert. Auch ein gegenüber ursprünglichen Vorhersagen geringerer Temperaturanstieg in den Jahren 1998 bis 2013 stellt angesichts der seither beobachteten sehr deutlichen Temperaturanstiege die Vorhersagen des Weltklimarates nicht ernsthaft in Frage. Eher ist das Gegenteil der Fall. Schliesslich trug auch der Vorwurf eines „Climategate" Ende 2009, bei dem entwendete und veröffentlichte Datensätze eine geharnischte Fehde innerhalb der Klimaforscher-Gemeinde offenlegten, schlussendlich in erster Linie zur weiteren Öffnung des innerwissenschaftlichen Diskurses unter Meteorologen bei, nicht zu dessen nachhaltiger Diskreditierung.

Dem wissenschaftlich interessierten meteorologischen Laien fällt allerdings auf, dass die in anderen Bereichen der Wissenschaft doch recht klaren Trennlinien zwischen begründeter, aber noch zu beweisender Hypothese und dem als bewiesen geltenden (möglicherweise kausalen) Zusammenhang einerseits und die üblicherweise (jedenfalls intentionsweise) ebenso klaren Trennlinien zwischen finanzierungsabhängiger Wissenschaft und interessengeleiteter (sowie finanzierungs-gewährender) Politik andererseits in der Klima-Thematik nicht in gleicher Weise durchgehalten werden. Unbestritten bleibt dabei (da widerspruchslos konsistent und plausibel) die Tatsache, dass die weltweiten Temperaturen ansteigen und die durch Menschen verursachte Emission von Treibhausgasen, am besten dokumentiert für CO_2, zu diesem Temperaturanstieg und dem damit einhergehenden Klimawandel beiträgt. Weniger gesichert scheint hingegen, jenseits von Modellannahmen, die exakte Höhe des Temperaturanstieges, die allein auf diese menschen-gemachten Emissionen und konkret auf CO_2 (und nicht möglicherweise zumindest teilweise auf andere Faktoren) zurückzuführen ist.

Diese unvermeidliche Unschärfe ist eigentlich vollkommen unproblematisch und würde ohne Weiteres akzeptiert werden, wenn die in den eigentlichen Experten-Berichten enthaltenen sorgfältigen Bewertungen der Zuverlässigkeit der verschiedenen Modellannahmen und Vorhersagen nicht durch plakativ vereinfachende, nur dem Anschein nach „präzise" Temperatur-ziele (zunächst auf 2.0°C Temperaturanstieg fixiert, dann auf 1.5°C verschärft) in den „Summaries for Policymakers" gleichsam überschrieben würden. Auch der Versuch, objektiv bestehende Unsicherheiten der Vorhersagen durch Experten-Konsensus aufzulösen, erscheint angesichts der objektiv bestehenden (und auch dokumentierten) Unsicherheiten methodisch sehr fragwürdig. Bei objektiv bestehender Unsicherheit der Datenlage („keiner weiß es sicher") kann der Wert eines solchen Konsensus durchaus begrenzt sein, und zwar sowohl durch einen allfälligen tatsächlichen Irrtum als auch, in der besonderen dual politischen und wissenschaftlichen Konstruktion des Weltklimarates, durch die mögliche Einflussnahme mehr oder weniger starker politi-scher Interessensvertretung.

Das den demokratisch gesinnten Beobachter allerdings am meisten störende Element am Diskurs des Weltklimarates ist, auf welche Weise die so festgemachten Szenarien zur wissenschaftlichen (und damit nach allgemeinem Duktus sachlich richtigen) Begründung und politischen Rechtfertigung tiefgreifender Eingriffe in die verschiedenen Gesellschaften herangezogen werden, wobei der Weltklimarat dem Anschein nach mandats-erweiternd auch die Bekämpfung der weltweiten Armut in seine Ziele aufgenommen hat. Durch die Zusammenführung von Klimarettung und Armutsbekämpfung wird nicht nur das unzweifelhaft gute Ziel noch unbezweifelbarer erstrangig gemacht: Klimaschutz und Armutsbekämpfung zusammen sind in ihrer Notwendigkeit kaum zu überbieten, auch wenn auffällt, dass das eigentlich gleichfalls in diese Liga wichtiger politischer Ziele gehörende Ziel politischer Freiheit an dieser Stelle nicht auftaucht.

Durch diese Mandatserweiterung wurde allerdings ebenfalls (eher wenig beachtet) ein grundsätzlicher politischer Zielkonflikt eingeführt, der sich in Selbstverpflichtungen sehr unterschiedlichen Ausmaßes von entwickelten Industrieländern (wie der Bundesrepublik Deutschland) im Vergleich zu tatsächlichen oder selbsterklärten Entwicklungsländern (wie etwa der VR China) widerspiegelt.

Nicht nur das Ausmaß, sondern auch die wirtschaftlichen Konsequenzen der Klimaschutzmaßnahmen (Reduktion der CO_2 Emissionen in einigen reichen, weitere Erhöhung der CO_2 Emission in anderen armen Ländern) werden so für die verschiedenen Gesellschaften drastisch unterschiedlich, wobei diese frappierenden zwischengesellschaftlichen Unterschiede durch den von Land zu Land nochmals unterschiedlichen Zugang zu Energie-Ressourcen weiter vergrößert werden.

Zwar bleiben die „Klimaziele" aus dem in dieser Hinsicht sehr wichtigen Pariser Klimaschutzabkommen des Jahres 2015 formal völkerrechtlich nicht-verpflichtende Selbsterklärungen (englisch Intended Nationally Determined Contributions, kurz INDC's) der einzelnen Staaten. Weitere vertragliche Regelungen des Pariser Abkommens sehen jedoch eine fortlaufende Konkretisierung und Verschärfung dieser selbsterklärten Klimaziele vor. Sie werden daher allgemein als verbindlich angesehen und behandelt.

Durch die direkte Zusammenarbeit von Wissenschaftlern und Politikern kommt der Weltklimarat dem Modell einer Technokratie recht nahe, in der wissenschaftliche Expertise den Rahmen für politische Entscheidungen setzt. Autokratische Regierungen können mit einem solchen technokratischen Politik-Ansatz ohne Mühe leben, da selbst tiefgreifende Eingriffe in ihre Gesellschaften (so jedenfalls ihr eigenes Verständnis) keiner weiteren demokratischen Legitimation bedürfen.

Für demokratisch verfasste Gesellschaften ist die Situation ein wenig komplizierter: Die Weichenstellungen des Weltklimarates betreffen so verschiedene und zugleich so wichtige gesellschaftliche Interessen und sind zudem von Land zu Land so sehr verschieden, dass es in einer lebendigen und erwachsenen Demokratie eigentlich ein wichtiges Anliegen der die Bevölkerung repräsentierenden Parteien sein sollte, die wissenschaftlich nunmehr offenliegenden Klima-Risiken in einem innergesellschaftlichen Diskurs gegenüber anderen gesellschaftlichen Risiken, etwa wirtschafts-, energie-, aussen-, sozial- oder gesellschafts-politischen Risiken, politisch abzuwägen.

Dabei stehen den demokratisch verfassten Gesellschaften zwei grundsätzlich verschiedene Wege offen, die Bevölkerung diskursiv einzubinden: Ein Weg ist die katastrophale Interpretation der Klima-Daten, also die Feststellung einer drohenden Klimakatastrophe, zu deren Abwendung selbstverständlich jedes Mittel recht sein muss. Ein solcher Ansatz verkürzt den innergesellschaftlich Diskurs, bringt aber das Problem mit sich, dass in der Bevölkerung und vor allem in der Jugend eine Art Klima-Panik ausbrechen kann, da insbesondere die Jugend befürchten muss, die von den Vorgenerationen eingebrockte Katastrophe ausbaden zu müssen – was auch für verantwortlich denkende Erwachsene schlichtweg unakzeptabel sein sollte.

Ein alternativer Ansatz wäre, ganz bewusst (in Kenntnis der unsicheren Datenlage) keine Panik auszulösen, sondern einen offenen und breiten gesellschaftlichen Diskurs über die Hintergründe und Herausforderungen der Klimaanaomalie einzuleiten, vielleicht sogar über die Chancen innovativer Antworten. Voraussetzung wäre natürlich, wie in diesem Essay ansatzweise versucht, die Aufklärung wesentlicher Grundbegriffe und klimatischer Zusammenhänge, ohne die die Klima-Thematik insgesamt schlichtweg nicht zu verstehen ist. Auf diese Weise würde ein von den Parteien vorgetragener, dann vermutlich auch kontroverser Diskurs über die bestehenden politischen Handlungsoptionen möglich, an dessen Ende breit demokratisch legitimierte Mehrheitsentscheidungen stehen könnten.

Regelrecht zwingend erscheint ein solch breiter, offenlegender gesellschaftlicher Diskurs zur Klima-Thematik, wenn die grundlegend verschiedenen Konsequenzen der Weichenstellungen des Weltklimarates für die verschiedenen betroffenen Gesellschaften in den Blick genommen werden. Derartige Unterschiedlichkeiten gehören allein schon wegen ihrer absehbaren weitreichenden langfristigen Konsequenzen in den demokratischen Diskurs einer Gesellschaft, insbesondere wenn dort eine regelrechte Klima-Panik herrscht.

Zur beispielhaften Orientierung dieser drastisch verschiedenen politischen Konsequenzen der sich aus der Arbeit des Weltklimarates ableitenden Selbstverpflichtungen mögen in diesem Essay einige aus öffentlich zugänglichen Internet-Quellen gewonnene Angaben zu den CO_2-Bilanzen der VR China und der Bundesrepublik Deutschland sowie den daraus abgeleiteten Klimazielen dienen:

- VR China CO_2 Emission total in 2000: 3'551 Megatonnen, in 2015: 10'354 Megatonnen; Kern-Klimaziel 2030: Spitzenwert (!) des CO_2 Ausstoßes bis 2030 erreicht;
- Bundesrepublik Deutschland CO_2 Emission total in 2000: 903 Megatonnen, in 2015: 798 Megatonnen; Kern-Klimaziel 2030: 55% Reduktion gegenüber 1990.

Hier steht also die Selbstgenehmigung eines weiteren möglichen Anstieges der CO_2 Emissionen eines Großverschmutzers VR China (Anteil am weltweiten CO_2 Ausstoß 2015: 29.51%) der Selbstverpflichtung zur massiven Reduktion des, bildlich gesprochen, eher kleinen Lichtes Bundesrepublik Deutschland gegenüber (Anteil am weltweiten CO_2 Ausstoß 2015: 2.16%).

Das Bild einer drastischen Unterschiedlichkeit der Ambitionen (klimapolitisch allein nicht begründbar und daher begründet durch die zusätzliche Zielsetzung der Bekämpfung von Armut im selbsterklärten Entwicklungsland VR China) ändert sich nicht grundlegend, wenn die CO_2 Emissionen pro Kopf der Bevölkerung betrachtet werden:

Hier zeigt sich, dass die VR China im Jahr 2000 noch einen ausgesprochen geringen Industrialisierungsgrad hatte (VR China CO_2 Emission pro Kopf in 2000: 2.46 Tonnen; Deutschland 9.97 Tonnen), inzwischen aber zügig aufschliesst (VR China CO_2 Emission pro Kopf in 2015: 6.64 Tonnen; Deutschland 8.93 Tonnen).

Interessant ist, dass die zugesagten Selbstverpflichtungen der VR China in ihrem tatsächlichen (absoluten, also tatsächlich klimarelevanten) Umfang offenbleiben, da die zugesagte Reduktion des CO_2-Ausstosses auf die Bruttoinlandsprodukt-Einheit bezogen und nicht in seiner absoluten Grösse zugesagt wird. Das je Tonne CO_2-Ausstoss produzierte Bruttoinlandsprodukt in der VR China war historisch sehr gering (laut Wikipedia im Jahr 2006 Rang 175 unter 179 gelisteten Ländern, mit Deutschland auf Rang 33). So kann es paradoxerweise geschehen, dass die VR China die Erfüllung, ja die Übererfüllung seiner Klimaziele feiert, obwohl die CO_2 Emissionen des Landes weiter angestiegen sind, während die Bundesrepublik Deutschland ihr Versagen bejammert, weil die CO_2 Emission seit 1990 bisher nur um 27.7% statt 40% (bis 2020) gesunken ist.

Aufgrund der unterschiedlichen wirtschaftlichen Ausgangslagen werden also vollkommen asynchrone wirtschaftliche Entwicklungen eingeleitet, in denen Deutschland (Anteil am weltweiten CO_2 Ausstoss 2015: 2.16%) seine CO_2-emittierenden Industrien konsequent abbaut, während die VR China (Anteil am weltweiten CO_2 Ausstoss 2015: 29.51%) sich durch die Klimaverpflichtungen nicht nur historischer Konkurrenz entledigt sieht, sondern auch darauf hoffen darf, mit dem in einem autoritären System möglichen Druck und Fokus (die Selbsterklärung der VR China nimmt wie selbstverständlich Bezug auf wirtschaftliche Fünfjahrespläne) die Marktführerschaft etwa bei neuartigen Elektroantrieben zu gewinnen – ohne letztlich (bei erwartet weiter zügig steigender Produktionseffizienz) einen dem der Bundesrepublik überhaupt nur vergleichbaren Beitrag zur CO_2 Emissionsreduktion (wenn denn überhaupt einen absoluten Beitrag) geleistet zu haben.

Diese einfache Gegenüberstellung weniger Kennzahlen erhebt keinen Anspruch auf Vollständigkeit oder punktgenaue Richtigkeit. Trotz dieses notwendigen Dementis zeigt die Gegenüberstellung jedoch eines sehr klar:

Die für die Zukunft unserer Gesellschaft so wichtige Thematik der Klimaverpflichtungen bedarf dringlich eines öffnenden inhaltlichen (und eben nicht allein emotions- und stimmungsgetriebenen) Diskurses. Verantwortliche Politiker und begleitende Medien sind aufgerufen, diesen öffnenden Diskurs zügig zu initiieren, natürlich beginnend mit der Klärung der Terminologien und der Evidenzen der Klimaveränderungen selbst, bevor sie Kindern applaudieren, die derzeit in Panik um das Weltklima Woche um Woche auf die Straße gehen.

Auch dem altgedienten alte Diesel in der Garage möge bitte, bevor er endgültig in den automotiven Untergrund abgedrängt wird, die Chance auf einen fairen Prozess und eine öffnende, zugleich sein Schicksal klärende Debatte eingeräumt werden – und zwar über die durch ihn ausgelösten Gesundheitsschäden, nunmehr klar abgesetzt von der Klimaproblematik.

Erste Versuche, einen solchen gesundheits-bezogenen Diskurs in Deutschland evidenz-basiert in Gang zu bringen, sind bereits als „nicht anerkannt" gescheitert. Eine bereits abgeschlossene Studie zu den durch Stickoxide möglicherweise ausgelösten Gesundheitsschäden wurde medial mit grosser Empörung zurückgewiesen, da sie von der Automobilindustrie finanziert war und somit (so der mediale Diskurs) natürlich, selbst wenn universitär durchgeführt, durch einen nicht zu akzeptierenden Interessenskonflikt belastet und somit unglaubwürdig war. Ein zweiter Versuch der Diskurs-Anregung kam von etwa einhundert deutschen, dem medialen Vernehmen nach allerdings wiederum international „nicht anerkannten" Lungenfachärzten; zudem hatte sich in die Argumentation diskurs-disqualifizierend in einer Nebenrechnung ein Fehler eingeschlichen.

Nachdem Ähnliches selbst dem von Interessenskonflikten gleichfalls nicht freien Weltklimarat wiederholt unterlaufen ist, bleibt die Hoffnung, dass dieser Diskurs-Beitrag schlussendlich doch noch als solcher berücksichtigt wird und die interessierte Öffentlichkeit (wie auch der ängstlich in der Garage wartende Diesel, inzwischen mit einer tiefschwarzen Piratenklappe über dem rechten Scheinwerfer drapiert) eine tatsächlich sachliche und aufklärende Debatte zu den Gesundheitsrisiken von Stickoxiden wie auch (hier nicht weiter vertieft) Feinstaub erleben wird.

Émancipez-vous – Das Freiheitsversprechen Europas

Das politische Versprechen Europas an seine Bürger ist jenes Versprechen, das in den Zielsetzungen des Weltklimarates nicht auftaucht, weil es derzeit nicht weltweit konsensfähig ist: Das Versprechen politischer Freiheit.

Im freien Europa (anders als in anderen, weiterhin politisch unfreien Teilen der Welt) hat der Zusammenbruch des Sowjetimperialismus das Ende jener nationalistischen, faschistischen und selbsterklärt antifaschistischen Ideologien besiegelt, die das 20. Jahrhundert, besonders in Deutschland, vereinnahmt und politisch verwüstet haben. Unsere freiheitlichen Gesellschaften sind jetzt mit der Herausforderung konfrontiert, die Spätschäden dieser Ideologien aufzuarbeiten. Das wichtigste politische Ziel all dieser Aufarbeitung ist und bleibt die Einigung Europas in Freiheit und Vielfalt.

Mit einer solchen Einigung könnte die jahrtausendelange Freiheitsgeschichte Europas in einem post-ideologischen (und nicht etwa post-demokratischen) Informationszeitalter des 21. Jahrhunderts fortgesetzt und fortgeschrieben werden, nunmehr unter endgültiger Überwindung widerlegter ideologischer, weder der gesellschaftlichen Realität noch den politischen Chancen und Herausforderungen des 21. Jahrhunderts gerecht werdender Denkmuster. Es geht um nicht mehr und nicht weniger als um eine Neuausrichtung der politischen Koordinaten Europas in Richtung der Weiterentwicklung seiner inneren Freizügigkeit und Freiheitlichkeit. Es geht darum den Weg in eine europäische

Zukunft der Freiheit zu finden, in der die Gesellschaften Europas weder unter einer als bevormundend empfundenen Zentralbürokratie in politischer Korrektheit erstarren (der sich die freiheitlich denkenden Bevölkerungen Europas ohnehin niemals unterwerfen werden) noch in die Fangarme neuartiger demagogischer Heilsversprechen (für die nach historischer Erfahrung Deutschland erheblich anfälliger zu sein scheint als das ein oder andere Land) oder gar externer politischer Erpressungsversuche geraten werden.

Ohne dass es im öffentlichen politischen Diskurs in Deutschland eine allzu grosse Rolle spielt (oder auch nur spielen sollte), tragen die Menschen in diesem Land eine besondere Verantwortung für den Schutz und die verantwortungsvolle Weiterentwicklung der Offenheit und Freiheitlichkeit in Europa insgesamt. Diese Verantwortung hängt nicht mit irgendeiner eingebildeten oder tatsächlichen politischen Wichtigkeit des Landes zusammen, auch nicht mit seiner geostrategischen Lage oder seiner Wirtschaftskraft. Die besondere Verantwortlichkeit der Menschen dieses Landes ist der Tatsache geschuldet, dass die größten Gefährdungen und die katastrophalsten Einbrüche der west- und mitteleuropäischen Freiheitsgeschichte der vergangenen mehr als hundert Jahre wiederholt von Deutschland ausgingen. Die heute und morgen in Deutschland lebenden Menschen tragen daher eine besondere historische Verantwortung dafür, die Freiheit nicht nur zu wahren, sondern in einer sich rasch wandelnden Welt neuartigen Gefährdungen der Freiheit entgegenzutreten, damit es eben niemals wieder zu einem „... and here the Germans go again", zu gefährlichen deutschen Sonder- und Abwegen aus der europäischen Freiheitsgeschichte kommt.

Damit Europa auf dem Weg in seine politische Zukunft Kompass, Kurs und Koordinaten gewinnt, ist es unausweichlich, dass sich die in Deutschland und Europa lebenden Menschen stärker als bisher in den Diskurs einbringen, ihre europäische politische Selbstverantwortung tatsächlich wahrnehmen und sich verstärkt politisch engagieren. Nur durch die Breite und Tiefe eines solchen Engagements wird Europa jene Vielfalt, jene Industrialität und jene Innovationskraft bewahren oder auch zurückgewinnen können, die es im Wettbewerb mit autokratischen Regimen so überlegen und erfolgreich macht.

Historische Parteilichkeit kann einem die Vielfalt fördernden, in die Zukunft gerichteten freiheitlichen Politikansatz insofern entgegenstehen, als sie dazu verleiten mag, die jeweils eigene Position im wohlverstandenen parteilichen Machtinteresse zum absolut Richtigen zu erheben: „Hier arbeiten die Guten." Soweit dies geschieht oder geschehen sein mag, mögen politische Repräsentanten demokratischer Parteien mit Blick auf die freiheitliche Zukunft Deutschlands und Europas in eigener politischer Souveränität erwägen, den zunächst vielleicht kommod erscheinenden Platz über den Wolken doch wieder zu verlassen und herabzusteigen in die Mühen der offenen und öffnenden inhaltlichen Kontroversen (wo allerdings tatsächlich der schwere politische Stein des Sisyphos wartet) mit eben dem Ziel, die diskursive Gesellschaft auch für künftige Generationen nachhaltig zu stärken.

Verantwortliche Politiker sollten sich dabei ernsthaft fragen, ob sie es wirklich für angemessen halten (oder ob es nicht doch ein wenig beschämend ist), wenn Kinder aus dem Selbstverständnis kindlicher Gutheit unter dem Jubel Erwachsener für ihre parteilichen Positionen werben, Kinder also faktisch politisch instrumentalisiert werden. Eine solche Instrumentalisierung sollte einer politisch erwachsenen Gesellschaft eigentlich ebenso unwürdig erscheinen wie die Stigmatisierung und Marginalisierung missliebiger Minderheiten, und seien sie auch noch so sehr anderer, im offenen politischen Diskurs selbstverständlich weiterhin zu bekämpfender politischer Meinungen.

Bevor Eltern ihren Kindern als ihren Vertretern zujubeln, mögen sie zudem erwägen, eine wohl nur auf den zweiten Blick von Erwachsenen zu erkennende, von den Kindern unausgesprochene politische Botschaft wahrzunehmen: Erwachsene, benehmt Euch bitte endlich wie politisch Erwachsene. Entlasst künftige Generationen nicht in eine Welt der Panik, der Angst und vorhersehbarer Katastrophen, sondern nehmt Euch Eurer politischen Hausaufgaben als Erwachsene an und löst sie. Hinterfragt vielleicht auch einmal das längst durchschaute bequeme Doppelspiel im Schutze der Anonymität (heute im abseits geparkten SUV zur Hambi-Demo, morgen im vierstrahligen Düsenflieger in die Karibik). Tut jetzt etwas gegen die Flucht- und Migrationsursachen von morgen, damit wir morgen nicht vor dann tatsächlich unlösbaren Herausforderungen stehen werden. Beendet die kommode kollektive Verantwortungslosigkeit des Hier und Heute, engagiert Euch für die Belange des politischen Morgen, für Eure und unsere Zukunft.

Auf dem Weg zur europäischen Einigung ist die größte Chance zugleich die größte Herausforderung: Die Vielfalt Europas, seine kulturelle Diversität. Sie schafft neben vielen faszinierenden Chancen auch die grösste Hypotehek Europas, die des über lange Zeiten gewachsenen wechselseitigen Ressentiments, der auch hier chancen-blockierenden Vorurteile und Klischees. Dass solche Ressentiments in Europa bestehen, darf uns Menschen in

Deutschland nach den Katastrophen des letzten Jahrhunderts in keiner Weise verwundern. Zugleich ist jedoch allen Beteiligten eben gerade wegen dieser historischen Katastrophen seit mehr als sieben Jahrzehnten hinreichend klar, dass wir im 21. Jahrhundert gemeinsam an der Überwindung dieser Ressentiments arbeiten und zu einer Einheit in Vielfalt finden müssen.

Eine Selbst-Öffnung Europas zu subsidiär gestalteter Vielfalt in Freiheit wäre auf dem weiteren Weg der Einigung durchaus keine „Revolution". Es wäre eine historisch möglicherweise unausweichliche und seit dem Zusammenbruch des Sowjetimperialismus überfällige Selbstfindung Europas, die Rückkehr auf jene Spur der politischen Freiheit in Vielfalt, die vor Jahrtausenden ihren Anfang tatsächlich in Europa nahm, schon damals in Abgrenzung zu mächtigen Autokratien der Antike. Es wäre zugleich eine Selbstbefreiung, eine Emanzipation Europas aus der Angst vor sich selbst – einer Angst, die in den Katastrophen des vergangenen Jahrhunderts ihren begründeten Anlass hat, die aber dennoch ein schlechter Ratgeber für die Gestaltung der gemeinsamen europäischen Zukunft ist.

Mit einer bunten pro-europäischen Initiative der vielen Verschiedenen, die die politische Ursünde des 20. Jahrhunderts, die Absolut-Stellung eigener politischer Zielsetzungen über die andersartigen Zielsetzungen anderer, in Deutschland bis zur barbarischen Vernichtung der „Anderen", verstanden hat und sich dazu verpflichtet, eben diesen Fehler niemals zu wiederholen, könnte Europa noch eine in jeder Hinsicht grosse gemeinsame politische Zukunft vor sich haben. Zudem böte Europa in seiner Gesamtheit ein vermutlich wichtiges politisches Korrektiv, einen Check, eine Balance, für ein sich seiner selbst erkennbar unsicheres Land in seiner Mitte, dessen wellenartige Anfälle kollektiver politischer

Erregung im letzten Jahrhundert so schweren Schaden angerichtet haben und die unsere Nachbarn weiterhin beunruhigen.

Möglich geworden ist eine europäische Zukunft der Vielfalt zum einen durch mehr als sieben Jahrzehnte des Friedens und relativen Wohlstandes, Jahrzehnte, in denen die meisten Menschen Europas persönlich erlebbar historische Spannungen überwinden und ein neues wechselseitiges Verständnis der Verschiedenheiten, ein neues innereuropäisches Vertrauen gewinnen konnten. Einen ganz wesentlichen Beitrag zu einem sich ganz offensichtlich stetig verbessernden wechselseitigen Verständnis leistet allerdings auch eine historisch neuartige Dynamik, die Politiker wie Ökonomen gern für sich in Anspruch nehmen, die aber letztlich nur von den Bevölkerungen Europas selbst getragen und umgesetzt werden kann:

Es ist die Dynamik einer sich seit der zweiten Hälfte des 20. Jahrhunderts durchsetzenden Kultur des unvoreingenommenen, ergebnisoffenen Herangehens an die Fragen der Zeit, einer Bereitschaft zum evidenz-basierten Lernen. Wer jemals vom Virus dieser Kuriosität infiziert wurde (und nahezu alle Menschen begegnen jenem Virus heutzutage tagtäglich in ihrem Leben, und sei es nur beim Bedienen des Smartphones), weiß, dass hinter jeder Ecke eines solchen evidenz-basiert Lernens Überraschungen lauern können, weiss, dass weder das parteiische Rechthaben-Wollen noch irgendwelches Wohlsprechen oder Wohlverhalten im Sinne irgendeiner politischen Korrektheit bei einem solchen Lernen irgendetwas zählt, weder heute noch morgen.

Im 21. Jahrhundert sollten wir dies verstanden haben und erkennen, ein wie gewaltiges Schutzwerk der Freiheit ein auf Fakten, Evidenz und Wissen basierendes politisches Denken möglichst vieler Einzelner bilden kann gegen vereinnahmend kollektivierende Denkmuster. Es liegt vermutlich an uns selbst, ob wir Europäer mit dieser Kultur des stetigen Lernens und mit dem daraus erwachsenden Können und Wissen eine kontinentale Plattform der politischen Freiheit und Vielfalt errichten werden oder ob wir uns doch lieber weiterhin verschließen möchten in politischen Schrebergärten wohlgeordnet korrekt anerkannter oder nicht anerkannter politischer Meinungen, Narrative, Stereotype und Klischees.

Die Aufklärungsgesellschaft

Traditionelle Aufregungskulturen leben vom Ausmaß ihrer Erregung, ihrer emotionalen Anspannung und Intensität. Ihre politische Währung ist der Glaube, ihre politische Bezugsgrösse das Kollektiv. Ihr Erfolgskriterium ist nicht die Richtigkeit oder Unrichtigkeit einer Aussage, sondern das Rechthaben. Zur Durchsetzung ihrer Interessen lieben die Aufregungskulturen tendenziell die grossen und zentralistischen Organisationsformen. Die Schlagkraft ist ihnen wichtiger als die Vielfalt. Sie verachten die Abweichung, hinter der sie vor allem egoistische Motive vermuten, und begegnen ihr mit zynischer Verachtung. Aufregungskulturen sind anfällig für Zustände der Hybris, der überzogenen Selbstgerechtigkeit, da sie von sich selbst überzeugt sind. Sie sind zugleich empfänglich für Heilsversprechungen, für Ideologien, an die man eben auch erst einmal noch immer glauben können muss, allen historischen Erfahrungen zum Trotz. Aufregungskulturen können, wenn sie sich durchsetzen, politisch durchaus erfolgreich sein. Sie zahlen jedoch einen hohen Preis für diesen Erfolg, den Verlust der Vielfalt und der Freiheit. Der Preis des Misserfolges der Aufregungsgesellschaft ist das brutale Erwachen in der Realität, die totale Niederlage.

Ohne allzu große Ernsthaftigkeit hat auch der Nicht-Historiker Anlass zu der Vermutung, dass die Geschichte der Aufregungskultur in Deutschland eine vielleicht noch längere Tradition haben könnte, als wir uns dies gern eingestehen möchten: Schließlich schüttelten schon die alten Römer immer wieder nachdenklich und, wie sich bald zeigen sollte, mit berechtigter Sorge den Kopf, wenn sie sich mit jener seltsamen Form von wilder Entschlossenheit ihrer nördlichen Nachbarn, dem Furor teutonicus, der teutonischen Raserei, auseinandersetzen mussten.

Traditionellen Aufregungskulturen kann im Europa des 21. Jahrhunderts erstmals, aufgrund der ungeahnten Fortschritte der Kommunikationstechnologien sowie der zunehmenden Verbreitung eines evidenz-basierten, allein hierdurch weniger stimmungsanfälligen allgemeinen Denkens und empirischen Vorgehens selbst im Alltag, das Modell einer demokratischen Aufklärungsgesellschaft gegenübergestellt werden. Die Aufklärungsgesellschaft lebt vom stetigen inhaltlichen Diskurs mit dem Ziel der schrittweisen, aber eben doch stetigen gesellschaftlichen Weiterentwicklung. Ihre Währung ist die nachprüfbare Evidenz, ihre politische Bezugsgrösse ist der sich seiner politischen Verantwortung bewusste Einzelne. Sie ist daher von ihrer Grundkonzeption her vielzahlig und kleinzellig, politisch also eher schwierig „unter Kontrolle" zu halten.

Wenn die Aufklärungsgesellschaft eines Credos bedürfte, wäre es vielleicht: „Small is beautiful". Ihr Erfolgskriterium in der Vielzahl der Einzelnen ist die Richtigkeit einer Annahme, wobei die Nicht-richtigkeit einer Position, der Irrtum, nicht immer von vornherein ausgeschlossen werden kann. Die Aufklärungsgesellschaft ist weit weniger empfänglich für umfassende politische Heilsverspre-chungen und Ideologien. Sie hört die Botschaft wohl, allein ihr fehlt der Glaube angesichts wiederholter schlimmer geschichtli-cher Erfahrungen. Die Aufklärungsgesellschaft sucht den offenen evidenz-basierten Diskurs, auch den „sportlichen" Wettbewerb verschiedener Lösungsansätze, liebt den evidenz-begründeten gesellschaftlichen Widerspruch als den Ausgangspunkt eines möglichen Besseren, sieht die Risiken, versucht jedoch auch die Chancen nicht zu übersehen.

Die politisch lebendige Aufklärungsgesellschaft ist sich dabei (anders als von materialistisch denkenden Ideologen aus eigenem Machtkalkül heraus fälschlicherweise suggeriert) durchaus ihrer sozialen Verantwortlichkeit bewusst, wissend dass jeder Wett-bewerb neben Gewinnern eben immer auch Verlierer hat. Die Aufklärungsgesellschaft bekämpft daher die Armut auch deshalb, weil sie in einer Zeit des allgemeinen Wohlstandes nicht nur für den Betroffenen, sondern auch die Gesellschaft unwürdig ist. Die Aufklärungsgesellschaft versucht sich durch tief-gestaffelte Checks and Balances gegen Durchgriffe von Partikularinteressen auf die Gesamtinteressen der Gesellschaft zu schützen. Die Auf-klärungsgesellschaft kann scheitern, kann aber unter Umständen selbst aus diesem Scheitern noch für die gesellschaftliche Zukunft lernen. Der Preis des Erfolges der Aufklärungsgesellschaft sind innovations-getriebener Fortschritt zur Überwindung immer neuer gesellschaftlicher Herausforderungen, sind daraus erwach-sender materieller Wohlstand, sind Vielfalt und Freiheit.

Die Aufklärungsgesellschaft könnte zur Antwort des 21. Jahrhunderts auf allfällige Aufregungskulturen werden, die die nun endlich offenen und sich öffnenden Gesellschaften erneut zu verschließen drohen. Sie stellt sich insofern klar und unzweideutig derartigen Aufregungskulturen entgegen. Sie begreift das rasant zunehmende evidenz-basierte Wissen als einen neuartigen Check, eine neuartige Balance im traditionellen politischen Diskurs. Sie erweitert und ergänzt damit das Paradigma, nach dem Wissen Macht bedeute, durch das andersartige Paradigma, nach dem ein Mehr an Wissen auch ein Mehr an Freiheit, ein Mehr an demokratischer Kontrolle durch die Bevölkerung bedeuten kann. Die Aufklärungsgesellschaft versucht, wo immer demagogisch einsetzbares Herrschaftswissen zu entstehen droht, dieses zu deprivilegieren, aufzuklären, offenzulegen.

Die Aufklärungsgesellschaft versucht demnach auch, einem traditionellen politischen Berichterstattungsformat der parteiischen Suggestion (glücklicherweise nur noch selten mit den Anmutungen einer Hofberichterstattung) eine Berichterstattung evidenzbasierter, ergebnis-offener Aufklärung zur Seite zu stellen (die etwa ganz konkret vermeiden hilft, dass bei einer objektiv begrenzten oder gar [hoffentlich niemals] inszenierten Krise die gesamte Gesellschaft in Panik gerät). Sie bietet damit den vielen bewussten Einzelnen, die wissen möchten, eben dieses Wissen an. Ihr Ziel ist, die vielen politisch bewussten Einzelnen mehr und mehr zu ermächtigen, das X tatsächlich als ein X zu lesen und es nicht länger für ein U zu halten.

Die Aufklärungsgesellschaft des 21. Jahrhunderts weist die Zumutung zurück, dass Menschen vor unliebsamem Wissen geschützt werden müssen. Die Aufklärungsgesellschaft eröffnet somit für diejenigen, die sie suchen, stetig neue Freiräume für ein bewusstes, aufgeklärtes, selbstbestimmtes Leben. Sie versucht durch tiefgestaffelte Checks and Balances diese individuellen Freiräume gegen Intrusion, auch durch die Politik, zu schützen. Sie wehrt sich daher auch dagegen, diese Freiräume ohne Not einzuschränken. Selbstverständlich verschließt sich die Aufklärungsgesellschaft nicht gegenüber all den Inszenierungen, den Suggestionen, den Spiegelungen, ja selbst Täuschungen auch in der Politik (es geht nicht um Puritanismus) – sie stellt jedoch im neuartigen Informationszeitalter all diesen vielen Welten den neuartigen Freiraum eines in die Zukunft offenen, evidenz-basierten bestmöglichen Verstehens zur Seite, offen für jeden. Sie versucht auf diese Weise Schritt um Schritt auch jenes Grundvertrauen zurückzugewinnen und erneut zu stärken, das durch die jahrelange Entkernung und inhaltliche Entleerung des politischen Diskurses sowie (in der existentiellen Dimension) durch den tragischen Rückzug von Philosophie und Religionen aus den freiheitlichen Gesellschaften verlorengegangen ist und weiter verlorenzugehen droht.

Die technologischen Voraussetzungen einer künftigen Aufklärungsgesellschaft sind inzwischen so umfassend und so vielfältig vorhanden, dass es vieler Essays bedürfte, um allein das Spektrum ihrer praktischen Umsetzungsmöglichkeiten zu skizzieren. Ein konstitutives Kernelement ist jedoch die Stärkung des offenen und offenlegenden politischen Diskurses mit dem Ziel einer vermehrten Einbindung einer politisch zunehmend bewussten und selbstbewussten Bevölkerung, letztlich auch erkennbar an einer inhaltlichen Öffnung teilweise über-emotionalisierter Aufregungskulturen und schlussendlich auch an verstärktem politischen Engagement und höheren Wahlbeteiligungen. Volksabstimmungen über wichtige gesellschaftliche Anliegen (sorgfältig und über einen bewusst langen Zeitraum vorbereitet, wie es etwa die Checks and Balances der Schweiz vorsehen) gehören gewiss zur Aufklärungsgesellschaft des 21. Jahrhunderts. Konkrete Vorbilder für die praktische Umsetzung einer vermehrten Offenlegung politik-begründender Evidenzen und für die erfolgreiche Öffnung geschlossener Diskurse gibt es in den verschiedensten Lebensbereichen freier Gesellschaften zuhauf. Der Weg in eine künftige Aufklärungsgesellschaft wäre daher ein langer Weg vieler kleiner Schritte in eine offene Zukunft, an dessen Anfang allerdings ein erster Schritt stehen muss.

Dieser Essay schlägt vor, das konkrete Beispiel der Klima-Thematik zu einem der ersten Inhalte eines sich neu begründenden offenen und öffnenden gesellschaftlichen Diskurses zu machen, um an diesem konkreten Beispiel zu zeigen, wie sich ein solcher Diskurs Schritt für Schritt von den zahlreichen Klischees und Stereotypen, die gerade dieses Thema inzwischen umspannen, erfolgreich emanzipieren kann. Es ist durchaus abzusehen, dass an seinem Ende ein möglicherweise zwar andersartiger, dafür jedoch im weltweiten Maßstab nochmals erheblich wirksamerer Klimaschutz stehen könnte.

Wenn ein solcher Diskurs gelänge, hätte dies am Ende vielleicht sogar ein paar recht erfreuliche kleinere Nebenwirkungen: Vielleicht könnte, nachdem konventionelle Regentänze allem Anschein nach weitgehend versagt haben, nach stringenter Aufklärung der Zusammenhänge der Berliner Großflughafen eines Tages doch noch eröffnet werden. Vielleicht könnte sogar verhindert werden, dass er am Tag nach der Eröffnung aus Klimaschutzgründen wieder geschlossen werden muss. Im besten Fall könnten sogar einige sehr aufgeweckte Schüler des Jahres 2019 schon zum Ende ihrer Schulzeit feststellen, dass sie mit ihren aufrüttelnden Freitags-Demonstrationen das erste Kapitel einer gänzlich neuartigen inhaltlichen Diskurs- und Aufklärungs-

kultur in der bundesrepublikanischen Demokratie-Geschichte geöffnet und mitgeschrieben haben.

Diesels zweites Leben

Die repräsentative Demokratie braucht zu ihrem Überleben und
für ihren nachhaltigen Erfolg den offenen und öffnenden politischen Diskurs innerhalb der Bevölkerung. Wird dieser Diskurs der
Gesellschaft entzogen, verschließt sich die Gesellschaft gegenüber den Herausforderungen und Chancen ihrer Zukunft, geht die
repräsentative Demokratie vorhersagbar zugrunde.

Es gibt nur ein wirksames Gegenmittel gegen diese ständige
Gefahr der Verschließung einer Gesellschaft gegenüber ihrer
Zukunft: Die stetige Öffnung, die stetige unnachgiebige Offenlegung politischer Inhalte und Zusammenhänge gegenüber der
Bevölkerung. Diejenigen, die die Bevölkerung vor der Auseinan-
dersetzung mit diesen zum Teil herausfordernden Zusammenhängen systematisch schützen wollen (vermeintlich zum Schutz
der Gesellschaft vor abwegigem Denken) befinden sich auf dem
demokratischen Holzweg. Dies muss im Interesse der offenen
Gesellschaft ausgesprochen werden. Dieser Essay versucht dies
zu tun.

Die freien Medien seien dabei an ihren Auftrag zur Offenlegung
von Evidenzen wie Zusammenhängen und der Auflösung von
Klischees und Stereotypen erinnert, und zwar nicht nur der Stereotype der bösen Eulen sondern auch der der so herrlich sin-

genden Nachtigallen, oben wie unten, links wie rechts, möglichst ohne allzu große eigene Vorurteile. Begriffsverwirrungen und die Einschleichung polarisierender politischer Glaubenskriege – dies alles hat diese Gesellschaft bereits in schlimmer Weise hinter sich. All dies geht ganz und gar nicht in der offenen und freiheitlichen Gesellschaft des 21. Jahrhunderts. Derartige Versuche dürften zwar ohnehin zum Scheitern verurteilt sein, allein schon wegen des neuartigen Korrektivs eines politisch freien Internet – aber der gesellschaftliche Preis auf einem solchen Weg des Scheitern wäre viel zu hoch.

Diejenigen, die sich aus historischer Verbundenheit allein an den politischen Herausforderungen, die einst die Gründung ihrer Parteien gerechtfertigt haben, festhalten möchten, drohen im 21. Jahrhundert Opfer sowohl des ungemeinen innovationsgetriebenen Fortschrittes dieser Gesellschaft wie auch ihrer eigenen erfolgreichen politischen Arbeit zu werden. Sie drohen aus der Zeit zu fallen. Ihnen bleibt die große Chance der Öffnung gegenüber den politischen Herausforderungen der Zeit.

Denjenigen, die irrigerweise auf den Furor teutonicus, auf die in diesem Land offensichtlich so leicht auslösbaren kollektiven Stimmungen und Emotionen der Aufregungskulturen setzen wollen, mögen in diesen Zeiten weitgehender politischer Inhalts- und Diskurslosigkeit vielleicht besondere Chancen sehen. An die eher Nachdenklichen unter ihnen appelliert dieser Essay, diesen gesellschaftlichen Irrweg nicht weiter zu beschreiten. Eine Gesellschaft der Emotionalisierung und der politischen Hybris wird, wie in der deutschen Geschichte leider schon wiederholt geschehen, an ihrer Blindheit scheitern. Sie ist historisch ohne jede Chance. Angesichts der Erfahrungen der deutschen Geschichte wäre es zudem eine schreckliche Farce, wenn diese Gesellschaft ein weiteres Mal versuchen würde, in die Sackgassen der ideologischen Selbst-Spaltung (ganz gleich entlang welcher Linien) und der politischen Hybris zu gehen.

Die Chancen, dass es gelingen wird derartige Irrwege zu vermeiden, stehen gut. Durch ein im Umgang mit neuartigen Kommunikationstechnologien geprägtes, weit verbreitetes evidenzbasiertes Denken in den Kategorien von Versuch und Irrtum haben die Menschen heute Zugang zu einer ungemein kraftvollen und wirksamen, auch für den politischen Diskurs brauchbaren Methode, die es der Gesellschaft erstmalig erlaubt, Herausforderungen anzugehen, denen sich frühere Generation hilflos ausgeliefert sahen. Die aktuelle Klimaanomalie ist insofern ein beredtes Beispiel, als Klimaveränderungen in Mitteleuropa in früheren Jahrhunderten durchaus zu schweren gesellschaftlichen Verwerfungen wie Völkerwanderungen, Hexenverfolgungen oder Invasionen durch Aggressoren geführt haben.

Auch gegen diesen besonderen historischen Hintergrund europäischer Klimaveränderungen, setzt sich dieser Essay dafür ein, das derzeit in Deutschland am stärksten politisch emotionalisierende Thema, eben die Klimaanomalie, zum Gegenstand eines neuartig öffnenden politischen Diskurses zu machen. Einer solchen Anregung werden zahlreiche Widerstände entgegenstehen: Zu viele über die letzten rund 20 Jahre fest etablierte wirtschaftliche wie politische Interessen knüpfen sich gegen Ende des zweiten Jahrzehnts des 21. Jahrhunderts an den derzeitigen Stand der Dinge, zu vieles könnte aus der Sicht des ein oder anderen durch eine allzu breite Öffnung dieses Diskurses auf dem Spiel stehen.

Sollte dennoch ein inhaltlicher Diskurs in Gang kommen, so ruft dieser Essay zur Nachdenklichkeit und Mäßigung auf: Es ginge in diesem Fall nicht länger um das Recht oder das Unrecht haben, es ginge nicht länger um emotionalisierende Kampagnen oder um politische Polarisierungen, es ginge nicht um die Ausrufung von Aufregungs- oder Panikkulturen. Es ginge darum, die Evidenzen und Fakten offenzulegen und zu versuchen, den Tatsachen ohne Zorn und Eifer in die Augen zu sehen und sie ergebnis-offen zu lesen. Es ginge selbstverständlich zu jedem Zeitpunkt des Diskurses auch darum, jedweden Tendenzen zur weiteren Spaltung der Gesellschaft entgegenzuwirken.

Wenn ein öffnender Diskurs an einem solchen ersten konkreten politischen Beispiel neu gelänge, könnte die repräsentative Demokratie eine neuartige, breit diskursive Zukunft vor sich haben. Falls dies nicht gelänge und politische Inhalte schlussendlich zum Spielball leicht auslösbarer Emotions- und Stimmungskulturen würden, wäre eines der ersten Opfer einer sich in einem solchen Fall inhaltlich weiter verschließenden und im schlimmsten Fall spaltenden Gesellschaft vermutlich wiederum die politische Freiheit, vermutlich erneut die breite innergesellschaftliche Vielfalt.

Noch hat unsere Gesellschaft allerdings die Zeit, ihre Offenheit, ihre Freiheitlichkeit und ihre faszinierende Vielfalt (selbstverständlich weiterhin unter Einbeziehung auch der absurdest abwegigen Meinungen) zu wahren und eine offene Zukunft zu gestalten, in der der „pursuit of happiness", die Verfolgung der unübersehbar vielfältigen eigenen Interessen und Ziele, zur tagtäglich gelebten Wirklichkeit der Menschen in Deutschland und Europa werden und dies in einer Atmosphäre politischer Freiheit und Vielfalt auch bleiben wird.

Inzwischen hat sich das Garagentor geöffnet. Der alte Diesel hat zu erkennen gegeben, dass er sich durchaus die mögliche Umrüstung auf einen Elektroantrieb vorstellen kann. Er will den Neustart, er sucht den Neuanfang, von Fahrverboten unbedroht. Als inzwischen weit bekannter Diesel möchte er zudem ein Zeichen setzen, ein zweites Leben im Sinne des Klimaschutzes beginnen. Er möchte auch sein altes Hobby wieder aufnehmen, Geschwindigkeitstickets aus möglichst vielen verschiedenen Ländern und Regionen Europas zu sammeln, ein Vorhaben, über das der Diskurs noch nicht ganz abgeschlossen ist.

Er macht sich, inzwischen von der Kultur sorgfältiger inhaltlicher Aufklärung zutiefst überzeugt und angetan, allerdings viele Gedanken wegen der Klimabilanz der Batterien, gerade bei schon etwas älteren Fahrzeugen wie ihm selbst, die bei aller berechtigten Hoffnung (noch keinerlei Rostspuren!) wohl doch nur noch eine begrenzte Lebenserwartung vor sich haben werden. Hier scheint es, so sagt er, doch noch einige offene Fragen zu geben. Zugleich stört ihn angesichts seiner ausgreifenden Zukunftspläne doch auch die recht begrenzte Reichweite von Elektroantrieben; er liebt die langen Tagesreisen ohne stundenlange Unterbrechungen. Er hat daher begonnen, sich auch über die Alternativen von Gas- oder Wasserstoffantrieben zu informieren. Er scheint der Ansicht zuzuneigen, so vielleicht auch ein Signal für die Breite und Vielfalt klimaschützender Innovation setzen zu können.

Es mag also geschehen, dass die ein oder andere Leserin oder der ein oder andere Leser dem alten Diesel in Zukunft doch noch einmal in flotter Fahrt auf einer der vielen Straßen Europas begegnet, immer auf der Höhe der Zeit, nie um einen kurzen Zwischenstopp und ein kurzes Gespräch über die Chancen der offenen Gesellschaft verlegen (gern auch mehrsprachig, nachdem er während seiner Garagen-Zeit mehrere Fremdsprachen erlernen konnte),

94

immer auf der Suche nach der Freiheit der Weite

und oft auf dem Weg nach Süden an's Meer

....

FSC
www.fsc.org
MIX
Papier aus ver-
antwortungsvollen
Quellen
Paper from
responsible sources
FSC® C105338